27.4.96

D1986342

Viel Spaß!

Jetzt und immer

Dein

Papa

Andreas Miessmer

Aromatisch und exotisch

Die feine Früchteküche

FALKEN

Inhalt

Vorwort

Warum gerade ein Früchtekochbuch?
Diese Frage ist aufgrund der zahlreichen Kochbücher zu diesem Thema berechtigt. Durch verbesserte Transport- und Kühlmöglichkeiten ist das immer größer werdende Angebot an Früchten heimischer oder ausländischer Erzeuger fast unüberschaubar geworden. Gerade bei den Exoten, die wir als Schwerpunktthema gewählt haben, stellt sich oft die Frage nach der richtigen Zubereitung.
Als Koch mit einer über 10jährigen Erfahrung in der Spitzengastronomie interessiert mich dieses Thema brennend. Auf Reisen und auf Märkten sowie durch die internationale Küche bin ich der Früchteküche nähergekommen. Für mich gibt es nichts Schlimmeres, als den schönsten und prächtigsten Früchten ratlos gegenüberzustehen. Doch mit eigenen Experimenten ist es lange nicht getan. Um die Früchteküche zu verstehen, sind einige grundlegende Dinge zu beachten.
Das ist der Grund, warum ich Ihnen die einzelnen Obstsorten zunächst ausführlich im Kapitel „Die bunte Welt der Früchte" vorstelle. Hier werden die Besonderheiten der Früchte beschrieben sowie Hinweise zu Herkunft, Einkauf, Verarbeitung usw. gegeben. Mit diesen Tips zum Nachschlagen ist das Verarbeiten von Früchten ein leichtes. Leider kann ich Ihnen in diesem Buch nur ausgewählte Rezepte aus meiner Küche vorstellen, denn allein über Beeren und Zitrusfrüchte ließe sich beispielsweise ein eigenes Buch schreiben. Doch lassen Sie sich nun von mir in die Welt der aromatischen Früchteküche führen. Ich wünsche Ihnen gutes Gelingen.

Ihr Andreas Miessmer

Ananas

Herkunft:
Die „Königin der Tropenfrüchte" kommt aus den tropischen Gebieten, die nicht allzu nahe am Äquator liegen. Die Hauptanbaugebiete sind Westindien, Kuba, Kolumbien, Brasilien, Hawaiii, Südafrika und die Elfenbeinküste. Sind die Früchte für den Export bestimmt, werden sie, wie die Bananen, im unreifen Zustand geerntet.

Beschreibung und Geschmack:
Die Farbe der Schale, die von dunkelgrün über gelb bis hin zu dunkelorange reichen kann, sagt nichts über den Reifegrad aus. So kann auch eine grüne Ananas durchaus reif sein. Die sehr aromatische und saftreiche Frucht wiegt zwischen 1 und 4 kg. Die Babyananas wird nur bis zu 500 g schwer.

Einkauf und Lagerung:
Eine reife Ananas verströmt einen intensiven Duft am Stielansatz. Außerdem gibt die Schale auf leichten Fingerdruck nach, und die Blätter am Blattschopf lassen sich leicht herausziehen. Die Lagerung sollte etwa bei 8°C stattfinden, im Kühlschrank leidet das Aroma, und die Frucht bekommt leicht braune Flecken.

Besonderheiten:
Die Frucht ist reich an Vitaminen und Mineralstoffen. Frische Ananas enthält jedoch ein eiweißspaltendes Enzym (Bromelin), das Gelatine nicht richtig steif und Milchprodukte bitter werden läßt. Das Enzym wird ab einer Temperatur von 40°C inaktiviert. Deshalb kann gekochte Ananas (Konserve) problemlos mit Gelatine und Milchprodukten verarbeitet werden.

Tips zur Verwendung:
Ananas eignet sich für Obstsalate und Desserts, paßt aber ebenso zu Geflügel- und Fleischgerichten sowie auf Tartes und Pizzas.

Küchentechnik:

1. Zuerst den Blüten- bzw. Blattansatz abbrechen oder abschneiden. Dann oben einen Deckel abschneiden. Den Boden abschneiden, bis das Fruchtfleisch sichtbar wird.

2. Nun die Frucht aufrecht halten und die Schale möglichst dünn von oben nach unten in Streifen abschneiden. Die „Augen" der Frucht dabei möglichst entfernen.

3. Die „Augen" mit einem kleinen, spitzen Messer herausschneiden.

4. Falls Sie Scheiben benötigen, die Frucht in Scheiben schneiden und den holzigen Strunk mit Hilfe eines Apfelausstechers entfernen.

5. Falls Sie Stücke benötigen, die ungeschälte Frucht der Länge nach in Spalten schneiden und den Strunk mit einem Messer abschneiden.
Dann das Fruchtfleisch mit einem kleinen Messer von der Schale abtrennen und in Stücke schneiden. Das Ananasfleisch kann so als Schiffchen mit der Schale serviert werden.

Annonen

Herkunft:

Die Annonen sind die Früchte des tropischen Annonenbaums, der in Süd- und Mittelamerika, Afrika und Asien beheimatet ist. Für den Export sind vier Arten von Bedeutung: Cherimoya, Stachelannone, Schuppenannone und Netzannone. Bei uns sind allerdings nur die beiden ersten Arten erhältlich.

Beschreibung und Geschmack:

Die Cherimoya (Zucker- oder Rahmapfel) ist eine herzförmige Frucht mit matter, gräulich-grüner Schale, die 250 g bis 2 kg schwer werden kann. Das weiße bis rosacremefarbene Fruchtfleisch schmeckt mild-süß und erdbeerähnlich. Es enthält ungenießbare braune Kerne, die sich jedoch leicht herauslösen lassen.
Die Stachelannone (Sauersack) ist fast so groß wie eine Wassermelone und mit bis zu 3 kg Gewicht die größte Annone. Das gelblichweiße Fruchtfleisch schmeckt erfrischend säuerlich.

Einkauf und Lagerung:

Eine harte, unreife Annone reift in wenigen Tagen bei Zimmertemperatur nach. Die Annone ist reif, wenn die Schale auf leichten Fingerdruck nachgibt. Annonen kommen nur frisch in den Handel, da sie wegen ihrer weichen Beschaffenheit nicht haltbar gemacht werden können.

Besonderheiten:

Da sich das Fruchtfleisch nach dem Anschneiden schnell verfärbt, ist es ratsam, es mit Zitronensaft zu beträufeln. Das intensiviert außerdem den Geschmack.

Tips zur Verwendung:

Der Geschmack der Cherimoya läßt sich durch Liköre oder Obstschnäpse noch veredeln. Das Fruchtfleisch eignet sich hervorragend für Drinks. Die Cherimoya läßt sich gut mit Mango, Kaki und Zitrusfrüchten kombinieren.
Das Mark der Stachelannone harmoniert besonders gut mit Joghurt und anderen Milchprodukten und wird auch für Saucen, Getränke, Eiscreme und Konfitüre verwendet. Es eignet sich auch als Zutat zu Fruchtsalat.

Küchentechnik:

1. Den Stiel der Frucht herausziehen. Dies funktioniert bei reifen Früchten problemlos.

2. Die Annone mit einem Messer der Länge nach halbieren und die Kerne mit der Messerspitze entfernen.

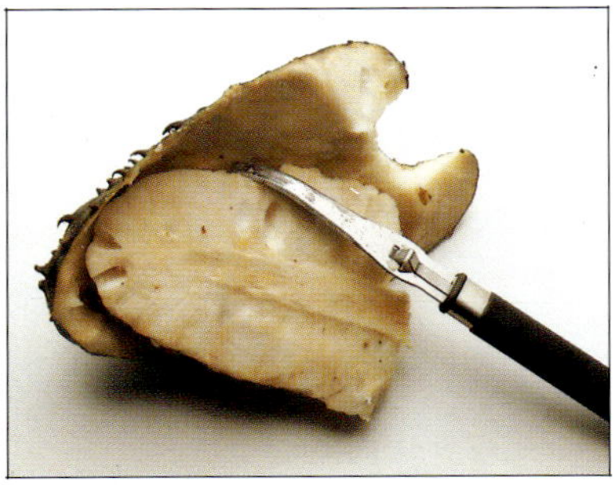

3. Für den Frischverzehr das Fruchtfleisch mit einem Grapefruitmesser von der Schale lösen und dann mit einem Löffel essen.

4. Zur Verarbeitung in Gerichten das Fruchtfleisch mit einem Löffel herausschaben und durch ein Sieb streichen.

Apfel

Herkunft:
Der Apfel gehört zu den ältesten Früchten der Welt. Er stammt ursprünglich aus Mittelasien und verbreitete sich von dort mit über 20000 Sorten auf der ganzen Erde. Die wichtigsten deutschen Anbaugebiete sind: Altes Land/Niederelbe, Bodenseegebiet, Baden-Württemberg und das Rheinland. Der Apfel wird in drei Kategorien, in Tafel-, Wirtschafts- und Mostobst, unterteilt.

Beschreibung und Geschmack:
Der Geschmack reicht von säuerlich-erfrischend bis herzhaft-süß. Das Fruchtfleisch ist knackig fest bis mehlig. Die wichtigsten Sorten sind: Boskop (erfrischend-herb) Cox Orange (süß-säuerlich), Glockenapfel (säuerlich), Golden Delicious (aromatisch-süß), Goldparmäne (süßlich-nußartig), Granny-Smith (saftig), Idared (süß-säuerlich), Jonagold (fein-säuerlich), und Gravensteiner (aromatisch).

Einkauf und Lagerung:
Für die Verwendung in der Küche sollten nur hochwertige Tafeläpfel verwendet werden. Je nach Sorte lassen sich Äpfel mehrere Wochen kühl und dunkel lagern.

Besonderheiten:
Der Apfel hat einen hohen ernährungsphysiologischen und diätetischen Wert. Apfelschalen sind sehr reich an Pektin. Das Fruchtfleisch enthält organische Säuren, verschiedene Zuckerarten, Zellulose, Gerbstoffe und vor allem über 20 Mineralstoffe und Vitamine. Geschälte und auch zerkleinerte Äpfel werden schnell braun. Beträufeln Sie sie daher mit etwas Zitronensaft.

Tips zur Verwendung:
Kein anderes Obst ist so vielseitig verwendbar wie der Apfel. Er wird zu Desserts, Kompotten, Gelees, Wein, Saft oder Branntwein verarbeitet.

Küchentechnik:

1. Den Apfel mit einem Sparschäler dünn schälen.

2. Wenn Sie Scheiben benötigen, das Kerngehäuse mit einem Apfelausstecher ausstechen und den Apfel in Scheiben schneiden.

3. Für Stücke oder Spalten den Apfel vierteln, das Kerngehäuse mit einem kleinen Messer herausschneiden und den Apfel kleinschneiden.

Aprikose

Herkunft:
Die Aprikose gelangte erst in der Zeit von Alexander dem Großen, etwa um 330 v.Chr., von China nach Europa. Der größte Teil der Weltproduktion stammt heute aus den Mittelmeerländern sowie aus Ungarn, Israel und Kalifornien. Bemerkenswert ist, daß frische Aprikosen fast ausschließlich aus Spanien, Ungarn und Frankreich kommen, Aprikosenkonserven jedoch aus Australien, Südafrika, Iran, Türkei und Kalifornien geliefert werden.

Beschreibung und Geschmack:
Die mit den Pflaumen verwandten Steinfrüchte haben die Größe eines großen Eis. Die samtige bis rauhe Haut ist hellgelb bis orangegelb. Das weiße bis orangefarbene Fruchtfleisch reifer Aprikosen ist saftig und äußerst wohlschmekkend. Die Aprikosenkerne werden wie Mandeln verwendet. Sie enthalten, ebenso wie diese, Blausäure.

Einkauf und Lagerung:
Frische Aprikosen kommen von Mitte Juni bis September aus den Mittelmeerländern auf den Markt. In den Wintermonaten gelangen sie aus Südafrika zu uns. Reife Aprikosen sind auch bei kühlen Temperaturen nur wenige Tage haltbar.

Tips zur Verwendung:
Aprikosen sind vielseitig verwendbar und können mit zahlreichen Lebensmitteln kombiniert werden. In Deutschland, in der Schweiz und natürlich auch in Österreich (dort wird die Aprikose Marille genannt) ist sie für viele Back- und Kochrezepte unersetzbar.

Küchentechnik:

1. Die Frucht in Richtung der verlaufenden Naht mit einem Messer einschneiden, die Frucht durch Drehen der beiden Hälften halbieren und den Stein entfernen.

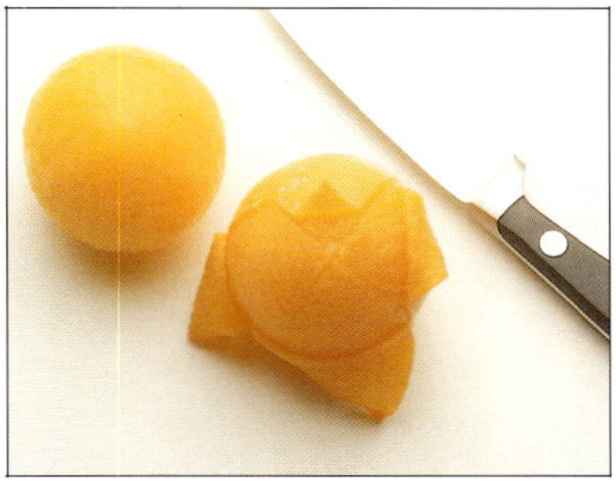

2. Zum Enthäuten die Aprikose über Kreuz einritzen, für 5 bis 10 Sekunden in kochendes Wasser tauchen, dann abschrecken. Die Haut mit einem Messer abziehen.

Avocado

Herkunft:
Der große, immergrüne Avocadobaum stammt ursprünglich aus dem tropischen Mittelamerika. Die wichtigsten Anbauländer sind heute Mexiko, USA, Westindien, Brasilien, Indonesien, Südafrika, Peru, Kenia, Australien, Spanien und Israel.

Beschreibung und Geschmack:
Die Avocado ist eine birnenförmige Steinfrucht mit grüner, manchmal rötlicher oder fast schwarzer, aber immer rauher, narbiger Schale. Die Früchte werden 250 bis 400 g schwer. Das hellgrüne bis gelbliche, weiche, butterartige Fruchtfleisch schmeckt leicht süßlich und nussig. Es umschließt einen dunkelbraunen, ungenießbaren Stein.

Einkauf und Lagerung:
Eine vollreife Avocado ist weich, und die Schale gibt auf leichten Fingerdruck nach. Sie kann dann noch 1 bis 2 Tage im Kühlschrank aufbewahrt werden. Aber Vorsicht: Reife Früchte sind druckempfindlich – sie bekommen dann schnell braune Flecken. Unreife Früchte reifen bei Zimmertemperatur in 1 bis 3 Tagen nach.

Besonderheiten:
Avocados sind im Gegensatz zu anderen Früchten sehr fettreich (sie enthalten etwa 30% Fett). Wenn die aufgeschnittene und eventuell zerkleinerte Avocado bis zum Verzehr länger liegen muß, empfiehlt es sich, das Fruchtfleisch mit Zitronensaft zu beträufeln, damit es sich nicht braun verfärbt.

Tips zur Verwendung:
Durch ihr mildes Aroma harmoniert die Avocado mit vielen Lebensmitteln. Zum Kochen ist sie allerdings nur bedingt geeignet, denn beim Erhitzen wird das Fruchtfleisch leicht bitter.

Küchentechnik:

1. Die Frucht mit einem Messer der Länge nach bis an den Stein einschneiden. Dann die beiden Fruchthälften mit den Händen gegeneinanderdrehen und so voneinander lösen.

2. Den Stein mit der Spitze eines Küchenmessers herausnehmen. Die Fruchthälften sofort mit Zitronensaft beträufeln, um eine Braunfärbung zu verhindern.

3. Benötigen Sie das Fruchtfleisch, lösen Sie es mit Hilfe eines Löffels aus der Schale.

4. Benötigen Sie Spalten, die halbierte, entsteinte Frucht mit einem Sparschäler schälen und in Spalten schneiden.

Banane

Herkunft:
Die Banane ist eine der ältesten Kulturpflanzen. Ihre Heimat ist Asien. Erst 1885 kam sie nach Europa. Die Hauptanbauländer sind Süd- und Mittelamerika, Afrika, die Kanarischen Inseln und Westindien. Auf der Hitliste der Obstarten steht die Banane nach dem Apfel ganz oben.

Beschreibung und Geschmack:
Man unterscheidet zwischen Obstbananen, Kochbananen, roten Bananen, Apfelbananen und Babybananen. Die Obstbananen stellen dabei mit Abstand das größte Kontingent des Bananenimports dar. Die Bananen werden unreif geerntet. Die Schale ist dann noch grün. Im reifen Zustand ist sie leuchtend gelb, das Fruchtfleisch ist weich und hell und schmeckt süßlich-mild.

Einkauf und Lagerung:
Bananen können ohne Bedenken auch in unreifem Zustand gekauft werden, da sie bei Zimmertemperatur rasch nachreifen. Kleine schwarze Flecken auf der Schale zeigen an, daß die Frucht vollreif ist. Dann sollte sie jedoch sofort verzehrt werden. Bananen sind sehr druckempfindlich. Sie sollten nicht im Kühlschrank aufbewahrt werden, denn dadurch geht das Aroma verloren, und die Banane verdirbt schnell.

Besonderheiten:
Geschälte Bananen verfärben sich schnell braun. Um dies zu unterbinden, sollte man sie mit etwas Zitronensaft beträufeln.

Tips zur Verwendung:
Die Frucht ist vielseitig verwendbar, z.B. für Desserts, Eiscreme, Salate, Currys und vieles mehr.

Küchentechnik:
Hier bedarf es wohl keiner näheren Erläuterungen, denn die Technik ist dem Großteil von uns von Kindesbeinen an bekannt.

Birne

Herkunft:
Die Birne war schon in der Bronzezeit bekannt. Sie stammt aus dem Kaukasus, Transkaukasien und Anatolien. Heute wird sie jedoch weltweit angebaut. Die Hauptanbaugebiete sind Frankreich, Belgien, Italien, Holland, Österreich, Deutschland, Chile, Argentinien, Südafrika, USA und China.

Beschreibung und Geschmack:
Der Geschmack reicht von feinwürzig bis honigsüß. Die Farbe der Schale variiert von gelb über braun bis hin zu grün oder rot. Die wichtigsten Sorten sind: Clapps Liebling (fein-würzig), Gute Luise (fein), Williams Christ (saftig und weich), Alexander Lukas (saftig-süß).

Einkauf und Lagerung:
Birnen sind, im Gegensatz zu Äpfeln, nur begrenzt lagerfähig und haben eine kurze Genußreifezeit. Frische Birnen sind allerdings das ganze Jahr über im Handel erhältlich. Unreife Birnen reifen bei Zimmertemperatur schnell nach.

Besonderheiten:
Geschälte Birnen werden an der Oberfläche schnell braun, deshalb sollten sie rasch verarbeitet oder mit Zitronensaft beträufelt werden.

Tips zur Verwendung:
Birnen werden meist frisch verzehrt oder zu Kompott, Marmelade, Saft, Likör oder Birnengeist verarbeitet.

Küchentechnik:
Birnen werden genauso vorbereitet und zerkleinert wie Äpfel (siehe Seite 9).

Cranberry

Herkunft:
Die Amerikanische Moosbeere, auch Kranichbeere genannt, stammt aus den Nordoststaaten Amerikas sowie aus Kanada. Die heutigen Hauptanbaugebiete sind Massachusetts und New Jersey. Zu gebratenem Truthahn ist Cranberry-Kompott seit Jahrhunderten das traditionelle Festessen der Amerikaner am „Thanksgiving Day".

Beschreibung und Geschmack:
Die kleine 1,5 bis 2 cm große Beere ist oval, glocken- oder birnenförmig. Die Beeren sind dunkelrot und schmecken angenehm säuerlich.

Einkauf und Lagerung:
Die Reifezeit der Cranberries liegt im September/Oktober. Sie werden getrocknet, gereinigt und verlesen und kommen in kleine Folienbeutel verschweißt oder in Pappschachteln auf den Markt. Bei Temperaturen von 1 bis 3°C halten sich die Beeren bis zu drei Monaten frisch. Allerdings besteht die Gefahr, daß ein Teil der Früchte schrumpft oder fault.

Besonderheiten:
Die Beeren haben einen hohen Vitamin-C-Gehalt und wurden schon früher von Seeleuten als Mittel gegen Skorbut in Fässern mitgenommen.

Tips zur Verwendung:
Der Rohverzehr ist zwar möglich, jedoch ungewöhnlich. Die Cranberries werden meist zu Kompott, Mus, Gelee, Eiscreme, Kuchen und Sirup verarbeitet. Besonders zu Wild oder Geflügel serviert man sie gerne.

Küchentechnik:
Die Beeren werden verlesen und vorsichtig unter fließendem Wasser gewaschen.

Dattel

Herkunft:
Die Dattelpalme ist in den subtropischen Gebieten Afrikas beheimatet und wird bis zu 100 Jahre alt. Der bedeutendste Anbau wird im Irak und Iran, in Ägypten, Israel, Saudi-Arabien, Algerien, Pakistan und Marokko betrieben. Der Umschlageplatz von Datteln für Europa ist Marseille.

Beschreibung und Geschmack:
Die rotbraunen, ovalen Datteln sind 3 bis 5 cm lang enthalten, ein gelblich-weißes Fruchtfleisch und einen harten, braunen Kern. Das Fruchtfleisch schmeckt süß und honigähnlich.

Einkauf und Lagerung:
Datteln kommen vorwiegend getrocknet in kleinen Spanschachteln auf den Markt. Das Trocknen erfolgt im Erzeugerland in der Sonne oder in speziellen Öfen. Kühl und trocken sind sie dann fast unbegrenzt haltbar. Frische Datteln werden nach der Ernte an Ort und Stelle schockgefrostet, exportiert und dann vor dem Verkauf wieder aufgetaut. Diese Behandlung überstehen die Früchte aufgrund ihres geringen Flüssigkeits- und hohen Zuckergehalts sehr gut.

Tips zur Verwendung:
Datteln werden frisch oder getrocknet verzehrt. Sie finden Verwendung in Kompotten, Fruchtsalaten, Vorspeisen und Hauptgerichten. Mit Marzipan gefüllt werden sie als Dessert, in Schokolade getaucht als Konfekt serviert.

Küchentechnik:

1. Die Haut der Datteln mit einer Messerspitze leicht einritzen und in Streifen von der Frucht abziehen.

2. Die Dattel der Länge nach mit dem Messer bis zum Kern aufschneiden, die Fruchthälften auseinanderklappen und den Kern entfernen.

Erdbeere

Herkunft:
Die Erdbeere stammt aus Amerika und kam dann über Frankreich zu uns. Angebaut wird sie in fast allen Ländern der Erde. Sie gedeiht auf Grund verschiedener Züchtungen in den Subtropen ebenso gut wie in arktischen Gebieten. In Deutschland wird sie seit 1840 erwerbsmäßig angebaut.

Beschreibung und Geschmack:
Erdbeeren zählen zu den Scheinfrüchten, denn was wir als Frucht bezeichnen, ist eigentlich der Blütenboden, der auf der Außenseite kleine, leicht eingesenkte Nüßchen, die eigentlichen Früchte, sitzen hat. Form und Größe der über 1000 Sorten sind sehr unterschiedlich, und die Farbpalette reicht von hell- bis dunkelrot. Je kleiner die Beeren sind, desto süßer und aromatischer ist ihr Geschmack. Das kräftigste Aroma besitzen die wildwachsenden Walderdbeeren.

Einkauf und Lagerung:
Die Früchte kommen das ganze Jahr über aus den verschiedensten Ländern in den Handel. Einwandfreie Früchte sind im Kühlschrank einige Tage haltbar. Erdbeeren sind sehr druckempfindlich, deshalb sollten sie nebeneinander und nicht übereinander liegend gelagert werden.

Tips zur Verwendung:
Die Erdbeere ist in erster Linie zum Frischverzehr bestimmt. Sie wird aber auch zu Marmelade, Gelee, Kompott oder, in Kombination mit anderen Früchten, zu Mark, Sirup oder Fruchtwein verarbeitet.

Küchentechnik:
Die Blätterkränze abzupfen und die Beeren gut waschen.

Feige

Herkunft:
Der kleinwüchsige Feigenbaum stammt höchstwahrscheinlich aus dem Orient, wo er auch am weitesten verbreitet ist. Er wird heute vor allem in der Türkei, in Griechenland, Italien, Spanien, Portugal, Südfrankreich aber auch in Brasilien und Kalifornien angepflanzt. Als Hauptlieferant für den deutschen Markt steht die Türkei (mit der besten Qualität) an erster Stelle. Unter den Feigenbäumen gibt es männliche und weibliche Pflanzen, wobei nur die weiblichen Bäume Früchte tragen. Der Feigenbaum trägt erstmals nach 8 Jahren Früchte, dann aber etwa 40 Jahre lang. Die meisten Feigensorten blühen dreimal im Jahr. Deshalb unterscheidet man in Frühernte, Haupternte und Späternte.

Beschreibung und Geschmack:
Die etwa 8 cm lange Frucht hat die Form einer Birne oder eines dicken Tropfens. Die Schale ist gelblichgrün, grün, rot oder bräunlichviolett. Die helleren Früchte haben einen etwas säuerlicheren Geschmack als die dunkleren.

Einkauf und Lagerung:
Frische Feigen kommen von Dezember bis Mai aus Südamerika, im Juni/Juli aus der Türkei, aus Griechenland, Spanien und Italien sowie von September bis November aus Frankreich. Trockenfeigen stammen hauptsächlich aus der Türkei, Griechenland und Kalifornien. Frische Feigen sind leicht verderblich (sie werden schnell schimmelig) und sehr druckempfindlich. Sie werden liegend und einzeln in Papier gebettet verkauft. Getrocknete Feigen sind mehrere Monate haltbar. Der weiße Belag auf den Früchten ist ausgeschiedener Traubenzucker, kein Schimmel.

Tips zur Verwendung:
Frische Feigen werden gut gekühlt und geschält verzehrt; Trockenfeigen ißt man mit der Schale. Außerdem werden Feigen zum Kochen, Braten und Backen sowie für Vorspeisen, Fleisch- und Fischgerichte, Desserts und Kuchen verwendet. Darüber hinaus kann man aus Feigen Marmelade, Mus, Sirup und Spirituosen, zum Beispiel Likör, herstellen.

Küchentechnik:

1. Bei einer frischen, festen Feige den Stielansatz und den Boden mit einem kleinen Küchenmesser dünn abschneiden.

2. Dann die Schale in Streifen von der Frucht abziehen.

3. Bei einer weicheren Feige die Frucht mit der Schale vierteln. Dann die Schale mit dem Messer von der spitzen Seite her von der Frucht abziehen.

Granatapfel

Herkunft:
Der Granatapfelbaum stammt aus Westasien, wird heute allerdings im gesamten Mittelmeerraum angepflanzt. In Spanien findet man sein Bild sogar im Staatswappen. Nach ihm wurden Stadt und Provinz Granada benannt. Die leuchtend rote Blüte galt von jeher als Symbol der Liebe und seine Frucht als Sinnbild für Fruchtbarkeit.

Beschreibung und Geschmack:
Der Granatapfel ist eine Scheinbeerenfrucht und wiegt etwa 500 g. Er hat eine 5 mm starke, gelbe, orangefarbene oder auch rote, ledrige Schale. Das saftreiche Fruchtinnere ist durch weiße Trennhäute in Fruchtkammern unterteilt. In diesen Kammern liegen die Samen, die jeweils einzeln von hell- bis dunkelroten, geleeartigen Fruchtschalen umgeben sind. Diese Fruchtschalen sind der eßbare Teil der Früchte. Sie schmecken aromatisch säuerlich-süß bis herb.

Einkauf und Lagerung:
Granatäpfel werden bei uns hauptsächlich in der zweiten Jahreshälfte angeboten. Die ledrige Schale, die während der Lagerung hart und fest wird, hält das Fruchtinnere frisch und saftig. Die Frucht kann daher über mehrere Tage zu Hause aufbewahrt werden, ohne daß sie austrocknet.

Besonderheiten:
Der Saft enthält Gerbsäure, die kaum zu entfernende braune Flekken verursacht. Der Fruchtsaftgehalt beträgt etwa 35%. Die weißen Samenkerne können bei frischen Früchten mitgegessen werden.

Tips zur Verwendung:
Die Fruchtschalen von frischen Granatäpfeln werden für Fruchtsalate und Fleisch- oder Fischgerichte verwendet. Der Saft wird ausgepreßt und zu Eiscreme, Fruchtsaftgetränken, Sorbet oder Gelee verarbeitet. Mit Zucker verkocht entsteht aus dem Saft Grenadine, die für Cocktails verwendet wird.

Küchentechnik:

1. Zur Saftgewinnung die Frucht halbieren und auf einer Zitruspresse vorsichtig ausdrücken. Danach den Saft durch ein Sieb passieren, um Schalenreste zu entfernen.

2. Zum Heraustrennen der einzelnen Samen mit Fruchtschalen, am Kelch der Frucht mit einem Sägemesser eine große Kerbe einschneiden und die Frucht in zwei Hälften zerbrechen.

3. Nun die Samen mit Fruchtschalen über einer Schüssel mit leichtem Druck auf die Schale herausdrücken. Die weißen Schalenreste anschließend entfernen, da sie unerwünschte Bitterstoffe enthalten.

Grapefruit

Herkunft:
Die Grapefruit ist auf den Westindischen Inseln (Puerto Rico) aus einer Kreuzung von Pampelmuse und Orange entstanden. Das wichtigste Anbauland, mit 60% der Weltproduktion, ist die USA, insbesondere die Bundesstaaten Florida, Texas, Arizona und Kalifornien. Zu uns kommen die Grapefruits hauptsächlich aus Israel, Spanien und Afrika.

Beschreibung und Geschmack:
Grapefruits sind größer als Orangen, aber kleiner als Pampelmusen. Die Frucht ist fest und hat eine glatte, hellgelbe bis rötlichgelbe Schale. Das gelbe bis rote Fruchtfleisch ist saftig und hat einen herb-säuerlichen und etwas bitteren Geschmack. Es enthält manchmal einige Kerne.

Einkauf und Lagerung:
Grapefruits gelangen bei uns das ganze Jahr über in den Handel. Bei Temperaturen von 8 bis 15°C gelagert, sind die Früchte mehrere Monate haltbar.

Besonderheiten:
Saft und Fruchtfleisch der Grapefruit enthalten die Bitterstoffe Limonin und Naringin, die besonders in der weißen Haut unter der Schale angereichert sind. Die Frucht ist außerdem reich an Vitamin C. Das Fruchtfleisch wirkt appetitanregend und fördert die Verdauungs- und Darmfunktion. Bei der Verarbeitung von Grapefruits bzw. Grapefruitsaft mit eiweißhaltigen Produkten (z.B. Gelatine oder Milchprodukten) wird nach längerem Stehen das Eiweiß zersetzt (die Speise wird bitter) und die Bindung der Gelatine wird aufgehoben.

Tips zur Verwendung:
Die Grapefruit wird hauptsächlich frisch verzehrt oder für Fruchtsalate verwendet. Der bittere Geschmack kann durch Zucker oder Honig gemildert werden. Das Aroma wird durch Spirituosen oder Liköre verfeinert. Außer zur Saftgewinnung werden die Früchte zu Mus, Marmelade, Konfitüre, Sorbet und Süßwaren verarbeitet.

Küchentechnik:

1. Zum Frischverzehr die Früchte quer durchschneiden, die Kerne entfernen und die Fruchtsegmente mit einem Messer voneinander trennen.

2. Dann mit einem Grapefruitmesser das Fruchtfleisch von der Schale trennen. Nun kann das Fruchtfleisch mit Hilfe eines Kaffeelöffels gegessen werden.

3. Werden einzelne ganze Filets benötigt, von der ganzen Frucht die Fruchtschale oben und unten abschneiden. Die Schale von oben nach unten mit dem Messer vom Fruchtfleisch abschneiden, so daß keine weißen Schalenreste mehr auf dem Fruchtfleisch bleiben.

4. Danach die einzelnen Filets über einem Gefäß aus den Trennwänden herausschneiden.

5. Den Saft aus den Trennwänden mit den Händen auspressen und weiterverwenden.

Guave

Herkunft:

Die Guave ist die Frucht des immergrünen 3 bis 6 m hohen Guavenbaumes, der auch als Strauch kultiviert wird. Die Heimat der Guave liegt vermutlich in Brasilien oder Mexiko. Heute ist sie jedoch überall in den Tropen vertreten. Die wichtigsten Anbauländer sind Indien, Südafrika, Mexiko, Kolumbien, Brasilien, Florida, Kalifornien und Hawaii.

Beschreibung und Geschmack:

Die apfelförmige Frucht hat eine grüne bis gelbe, wachsartige Schale. Das gelblichgrüne bis rosafarbene Fruchtfleisch ist in 4 bis 5 Kammern unterteilt und enthält zahlreiche verholzte Kerne. Die Früchte schmecken süß-säuerlich. Verwandt mit der Guave sind die Erdbeerguave, die Wildguave und die Cas.

Einkauf und Lagerung:

Guaven werden das ganze Jahr über importiert. Im Anbauland werden sie für den Export noch vor der Vollreife geerntet und vorsichtig liegend und einzeln verpackt. Sie müssen schnell zum Verkauf kommen und können nur wenige Tage gelagert werden. Zum kurzen Nachreifen ist eine Temperatur von 7 bis 10°C notwendig. Guaven werden auch in Dosen angeboten, die hauptsächlich aus Südafrika stammen.

Tips zur Verwendung:

Mit Zucker und Zitronensaft verfeinert paßt die Guave gut zu Fruchtsalaten. Außerdem läßt sie sich prima mit Sahne oder Joghurt kombinieren.

Küchentechnik:

1. Die Guave mit einem kleinen Küchenmesser dünn schälen.

2. Die Frucht nun in Scheiben oder Spalten schneiden.

Hagebutte

Herkunft:
Hagebutten sind in ganz Europa verbreitet, wo sie gesammelt und zum Teil auf dem Markt verkauft werden. Bei uns gilt der Anbau als unwirtschaftlich.

Beschreibung und Geschmack:
Hagebutten sind Scheinfrüchte verschiedener Wildrosenarten (z.B. Heckenrose, Hundsrose). Die glänzenden, leuchtend roten Früchte sind etwa 2 cm lang und enthalten ein süß-säuerlich schmeckendes Fruchtfleisch und haarige Samenkörner. Hagebutten werden ab September reif, sollten aber erst nach den ersten Frostnächten im November geerntet werden. Dann schmecken sie am besten.

Einkauf und Lagerung:
Hagebutten werden bei uns nur selten auf den Märkten angeboten und müssen so oft selbst gesammelt werden. (Ausnahme: In Baden-Württemberg wird das Hägemark auf den Wochenmärkten verkauft.) Frische Hagebutten können einige Tage kühl gelagert werden, getrocknete sind längere Zeit haltbar.

Besonderheiten:
Die Hagebutte hat einen sehr hohen Vitamin-C-Gehalt. Dieser liegt bei rohen Früchten etwa 25mal höher als bei Zitronen. Die Kerne der rohen Früchte führen auf der Haut zu Juckreiz.

Tips zur Verwendung:
Hagebutten sind nicht zum Rohverzehr geeignet. Die Früchte werden häufig, halbiert, entkernt und getrocknet, für Tee verwendet. Außerdem wird die Frucht zu Mark, Mus, Marmelade, Kompott, Wein oder Likör verarbeitet.

Küchentechnik:
1. Die Hagebutten waschen und den Stielansatz entfernen.
2. Die Früchte halbieren und die Kerne mit einem kleinen Messer herauskratzen.

Heidelbeere

Herkunft:
Im Volksmund wird sie auch Blaubeere, Schwarzbeere, Bickbeere oder Besinge genannt. Ihre Heimat sind die Nadelwälder, Hochmoore und Heidegebiete Europas, Nordasiens und Nordamerikas. Die wichtigsten Sammelgebiete Deutschlands sind der Bayerische Wald, die Oberpfalz und die Mittelgebirge.

Beschreibung und Geschmack:
Heidelbeeren sind erbsengroße, schwarzblaue Beeren. Sie sind saftig und süß, mit leicht bitterem Beigeschmack. Das Fruchtfleisch ist heller als die Schale und enthält kleine eßbare Kerne.

Einkauf und Lagerung:
Heidelbeeren kommen von Juni bis Juli auf den Markt. Bis zu 4000 t jährlich werden aus Polen, der ehemaligen Tschechoslowakei, aus Österreich oder aus den Balkanländern importiert. Die Beeren sind druckempfindlich und sehr schnell verderblich. Sie können nur kurze Zeit, am besten flach ausgebreitet auf einem Tuch, kühl gelagert werden. Sie lassen sich aber auch gut einfrieren.

Besonderheiten:
Die Beeren sind reich an Fruchtsäuren, Vitamin A, B und C, Gerbstoffen und Mineralstoffen, vor allem an Eisen. Der Saft verursacht aufgrund des hohen Gerbstoffgehalts schwer zu entfernende braune Flecken.

Tips zur Verwendung:
Heidelbeeren werden frisch, mit Zucker oder Joghurt, oder als Milchshake verzehrt oder zu Marmelade, Mus, Kompott, Wein, Likör und Branntwein verarbeitet. Außerdem verwendet man sie zum Bakken. Getrocknet sind sie ein bewährtes Mittel gegen Durchfall. Die Blätter dienen als Blasentee.

Küchentechnik:
Beeren waschen und von eventuell anhaftenden Blättern und Stielen befreien. Danach die Beeren auf einem Tuch trocknen lassen.

Himbeere

Herkunft:
Himbeeren wachsen wild in den Wäldern Nord- und Mitteleuropas, Asiens und Nordamerikas. In diesen Gegenden werden sie auch erwerbsmäßig angebaut. In Deutschland sind die Hauptanbaugebiete Baden-Württemberg, Rheinland-Pfalz, Nordrhein-Westfalen, Niedersachen und Hamburg.

Beschreibung und Geschmack:
Die Beeren sind rot, saftig und von außerordentlichem Aroma. Neben den roten Sorten gibt es auch einige rosafarbene und gelbe Sorten, die für den Handel jedoch keine Rolle spielen und hauptsächlich von Hobbygärtnern angebaut werden.

Einkauf und Lagerung:
Ernte und Verkauf finden in Europa von Juli bis Oktober statt. Importe aus dem außereuropäischen Ausland erfolgen das ganze Jahr über. Wilde Himbeeren werden in Bayern, Polen, der ehemaligen Tschechoslowakei und den Balkanländern gesammelt. Die Beeren sind druckempfindlich, können aber gekühlt einige Tage aufbewahrt werden. Sie lassen sich gut einfrieren. Häufig kommen sie auch tiefgefroren auf den Markt.

Tips zur Verwendung:
Himbeeren werden zum größten Teil frisch oder in Verbindung mit Milchprodukten verzehrt. Außerdem finden sie Verwendung in Desserts, Fruchtsalaten, Eiscreme, Sorbets, Grützen, Mus, Marmelade, Gelee, Kuchen und Torten, Essig, Saft, Wein, Likör und Himbeergeist.

Küchentechnik:
Die Beeren gut verlesen und waschen.

Jackfrucht

Herkunft:

Die Jackfrucht, auch Nangkas genannt, stammt aus Vorderindien und Sumatra. Sie verbreitete sich von dort schnell in fast alle Tropenländer der Welt. Die größte Rolle als Nahrungsmittel spielt sie in Sri Lanka, Indonesien, Malaysia, Thailand und Afrika. Die Jackfrucht ist die Scheinfrucht des bis zu 25 m hohen, immergrünen Jackfruchtbaumes. Die Früchte wachsen direkt am Stamm oder an den Hauptästen des Baumes.

Beschreibung und Geschmack:

Die Jackfrucht ist wohl die größte eßbare Frucht überhaupt. Sie kann bis zu 90 cm lang werden (mit einem Durchmesser von ca. 50 cm) und ein Gewicht von 10 bis 40 kg erreichen. Die Frucht besitzt eine harte, gelbe bis grüne Schale mit teilweise braunen Flecken. Die Oberfläche weist noppenähnliche Ausstülpungen auf. Die Schale verbreitet einen etwas unangenehmen Geruch. Im Inneren der Frucht befinden sich zahlreiche, taubeneigroße, sackähnliche, sechseckige Gebilde. Dies sind sozusagen die Früchte in der Frucht. Sie sind von einer geleeartigen Haut umgeben. Diese wird entfernt, und die Fruchtsegmente werden der Länge nach aufgeschnitten. In deren Mitte befindet sich jeweils ein 2 bis 3 cm langer Kern, der entfernt wird. In der Heimat der Jackfrucht werden die Kerne entweder gekocht und für Eintöpfe verwendet (das Wasser wird weggegossen – es gilt als giftig) oder gemahlen und zu Brot verarbeitet. Die kleinen, goldgelben Einzelfrüchte der Jackfrucht machen nur etwa 1/3 ihres Gesamtgewichtes aus, und ihr Geschmack erinnert ein wenig an eine Kombination aus Birne, Feige, Honig und Paprika.

Einkauf und Lagerung:

Jackfrüchte werden fast das ganze Jahr über importiert. Von September bis Dezember kommen sie aus Kenia, von Januar bis Juni aus Brasilien. Konserven mit den entkernten Einzelfrüchten stammen meist aus Thailand, Indien und Malaysia.

Besonderheiten:

Das Fleisch der Früchte ist reich an Kohlenhydraten und Mineralstoffen wie Kalzium und Phosphor. Dies ist auch der Grund für den Beinamen „Brot des kleinen Mannes", wie die Jackfrucht in den Ursprungsländern genannt wird.

Tips zur Verwendung:
Reife Jackfrüchte werden meist frisch und gut gekühlt verzehrt oder als Ergänzung zu Fruchtsalaten verwendet. Die entkernten Fruchtsegmente können mit Vanilleeis gefüllt werden. Darüber hinaus finden sie Verwendung in Fleisch- und Fischgerichten und für Gemüse. Sie werden auch kandiert, süß-sauer eingelegt oder mit Teig umhüllt ausgebacken. In den Herkunftsländern wird das Fruchtfleisch auch zusammen mit Milch zu einem Gelee gekocht. Oder man raspelt unreife Früchte, trocknet sie und kocht sie dann in Salzwasser zu einer Art Gemüse.

Küchentechnik:
1. Mit einem großen Sägemesser die dicke Schale aufschneiden und die Frucht in zwei Hälften brechen.
2. Dann die Frucht in die einzelnen Segmente zerteilen und die geleeartigen Häute, die die Segmente umhüllen, entfernen.
3. Zuletzt die Fruchtstücke der Länge nach mit einem kleinen Küchenmesser einschneiden und jeweils den braunen Kern herausnehmen.

Johannisbeere

Herkunft:
Johannisbeeren, auch Ribiseln genannt, stammen aus Europa und Teilen Asiens und werden heute in allen gemäßigten Zonen der Erde kultiviert. In Deutschland erfolgt ihr Anbau hauptsächlich in Baden-Württemberg, Rheinland-Pfalz, Hessen, Nordrhein-Westfalen, Niedersachsen und Hamburg.

Beschreibung und Geschmack:
Johannisbeeren wachsen an 1 bis 2 m hohen winterkahlen Sträuchern oder Hochstämmen. Die Beeren sitzen an kurzen Stielen traubenartig zusammen und enthalten zahlreiche kleine Kerne. Rote Johannisbeeren sind glatt und schmecken säuerlich-herb. Schwarze Johannisbeeren hingegen schmecken säuerlich-bitter. Weiße Johannisbeeren schmecken milder und weniger aromatisch als rote. Sie sind für den Markt nicht von Bedeutung.

Einkauf und Lagerung:
Die Erntezeit der roten Beeren reicht von Juni bis Ende August. Die schwarzen Beeren werden von Juli bis Ende August geerntet. Sie werden in Körbchen zu 500 g verkauft. Die Beeren sind leicht verderblich und transportempfindlich. Gut gekühlt lassen sie sich nur 2 bis 3 Tage aufheben.

Besonderheiten:
Johannisbeeren sind reich an Fruchtsäure, Pektin und Vitamin C. Die schwarzen Beeren enthalten dreimal soviel Vitamin C wie Zitronen.

Tips zur Verwendung:
Rote Johannisbeeren werden vorwiegend zu Marmelade und Gelee verarbeitet, aber auch eingezuckert oder als Kompott, Grütze oder in Cumberlandsauce gegessen. Die schwarzen Beeren werden zu Saft, Sirup, Marmelade, Obstwein, Branntwein und Likör (Cassis) verarbeitet.

Küchentechnik:
Die Beeren erst kurz vor dem Verarbeiten noch an den Stielen hängend waschen, abtropfen lassen und dann von den Stielen zupfen. Danach müssen sie rasch verarbeitet werden, damit sie nicht zuviel Saft verlieren.

Kaki

Herkunft:
Die Kaki, auch Dattelpflaume, Kakipflaume oder japanische Aprikose genannt, stammt aus Ostasien und gilt dort als eine der ältesten Kulturpflanzen. Sie wird heute auch in Südeuropa, Indien, Australien, Kalifornien, Florida, Brasilien und Israel angebaut.

Beschreibung und Geschmack:
Die orangefarbenen, tomatenähnlichen Früchte haben am Stielansatz 4 große Kelchblätter. Die Schale ist dünn, glatt und glänzend. Das Gewicht der Früchte liegt zwischen 100 und 400 g. Ihr Durchmesser beträgt bis zu 8 cm. Das geleeartige Fruchtfleisch ist mit Kernen durchsetzt. Reife Kakifrüchte schmecken süßlich-herb. Eine besondere Kakizüchtung ist die Sharonfrucht aus Israel. Sie ist kernlos, hat eine weichere Schale und enthält weniger Gerbstoffe als die Kaki. Das Fleisch schmeckt süß und ist saftig.

Einkauf und Lagerung:
Kakis werden einzeln in flachen Kisten verpackt, denn sie sind sehr druckempfindlich. Die Importe kommen von Oktober bis Dezember aus Italien und Spanien, von Mitte November bis Ende Februar aus Israel (Sharonfrucht) und von März bis Juli aus Brasilien. Kakis werden für den Export noch unreif gepflückt und reifen auf dem Transport und in den Lagern nach. Eine reife Kaki erkennt man am glasig-glänzenden, durch die Schale schimmernden Fruchtfleisch. Dann sollte sie jedoch so schnell wie möglich verzehrt werden. Kakis können in noch nicht ganz reifem Zustand bei 0 bis 3°C bis zu 2 Wochen gelagert werden.

Besonderheiten:
Kakis sind reich an schnell verwertbaren Kohlenhydraten und gelten deshalb als schnelle Energiequelle. Vor allem unreife Früchte enthalten viel Gerbsäure (Tannin), die die Schleimhäute zusammenzieht. Deshalb werden die Kakis in den Anbauländern für den Eigenbedarf nur vollreif gepflückt.

Tips zur Verwendung:
Die Früchte werden meist frisch verzehrt. Sie schmecken aber auch in Verbindung mit Vanilleeis, Sahne, Quark oder Joghurt. Darüber hinaus werden Kakis zu Kompott, Konfitüre, Eiscreme, Sorbet, Grütze, Saft, Sirup oder Mus verarbeitet.

Küchentechnik:

1. Den Stielansatz mit den Kelchblättern herausschneiden. Dann die Schale mit einem kleinen Messer in Streifen abziehen.

2. Die Frucht in Scheiben oder Würfel schneiden.

Kaktusfeige

Herkunft:
Es gibt zahlreiche Kakteenarten, deren Früchte als Obst verzehrt werden, jedoch spielt in Europa nur die kultivierte Form der Opuntie eine Rolle. Die Heimat der Kaktusfeige ist Mexiko. Heute ist sie längst in allen tropischen und subtropischen Ländern verbreitet. Systematischer Anbau erfolgt in Mittel- und Südamerika, Kalifornien, Australien, Südafrika, Algerien, Tunesien, Ägypten, Israel und in einigen Mittelmeerländern.

Beschreibung und Geschmack:
Die als Wasserspeicher für Trockenzeiten geltende Opuntie wird bis zu 4 m hoch und trägt nach einigen Jahren an den Rändern ihrer Glieder gelbe Blüten, aus denen sich die Früchte entwickeln. Diese sind 4 bis 10 cm lang, eiförmig, leicht abgeflacht und mit warzenartigen Erhebungen auf der Haut, auf denen die Stacheln sitzen. Unreife Früchte sind grün. Die Schale verfärbt sich mit zunehmender Reife von gelb über orange bis hin zu braun. Das gelblichrote Fruchtfleisch ist geleeartig, saftig und schmeckt erfrischend süß. Es enthält viele kleine Samenkörner, die mitgegessen werden können.

Einkauf und Lagerung:
Für den Verkauf werden die Stacheln weitgehend abgebürstet. Von September bis Dezember kommen die Früchte aus Italien und Spanien, von Dezember bis April aus Afrika und Brasilien. Da die Früchte sehr transportempfindlich sind, werden sie einzeln in Papier verpackt oder in mit Trenngittern versehenen Steigen geliefert. Bei 6 bis 10°C können sie für einige Tage gelagert werden.

Besonderheiten:
Kleine Oxalat-Kristalle im Fruchtfleisch verursachen im Mund ein leichtes Brennen, das jedoch völlig unbedenklich ist. Die Fruchtsäure der Kaktusfeigen läßt Milchprodukte gerinnen und löst Gelatinebindungen auf. Daher sollte die rohe Frucht nicht zusammen mit diesen Produkten verarbeitet werden.

Tips zur Verwendung:
Kaktusfeigen werden vorwiegend frisch verzehrt. Geschmackssteigerungen erreicht man durch Zugabe von Zucker, Likör (Eierlikör), Zimt, Ingwer oder Honig. Die Früchte werden auch verwendet für Obstsalate, Saft oder Sirup. Außerdem passen sie zu Fisch- und Fleischgerichten.

Küchentechnik:
Bei der Verarbeitung von Kaktusfeigen empfiehlt es sich, Handschuhe zu tragen, um sich nicht an den feinen Stacheln zu verletzen.

1. Die Kaktusfeige mit einer Gabel festhalten und mit einem Messer die beiden Enden abschneiden.

2. Die Feige aufrechtstellen und die Schale in Streifen von oben nach unten bis zum Fruchtfleisch einritzen.

3. Die Schale in Streifen vom Fruchtfleisch abziehen. Dann das Fruchtfleisch in Scheiben oder Spalten schneiden.

Karambole

Herkunft:
Die Karambole, wegen ihrer Form auch Sternfrucht genannt, stammt vermutlich aus Südostasien, Indien und Malaysia. Heute ist sie in den Tropen und Subtropen weit verbreitet.

Beschreibung und Geschmack:
Die Frucht stammt von einem kleinen, attraktiven Baum, der tropisches, feuchtwarmes Klima benötigt. Nach 4 Jahren trägt er zum ersten Mal Früchte. Die Frucht ist 6 bis 12 cm lang und weist 5 bis 6 tiefe, längsverlaufende Furchen, bzw. Kanten auf. Beim Durchschneiden in Querrichtung entstehen sternförmige Scheiben. Es lassen sich zwei Arten von Karambolen unterscheiden:
Die eine, größere, ist goldgelb und duftet etwas nach Jasmin. Sie schmeckt sehr süß und aromatisch und besitzt eine pikante Säure. Die andere ist hellgelb bis grün und schmeckt säuerlich. Sie wird in der Hauptsache maschinell verarbeitet.

Einkauf und Lagerung:
Die Karambole ist bei uns das ganze Jahr über erhältlich und kommt hauptsächlich aus Malaysia. Für den Transport werden die Früchte einzeln in Papier gehüllt und in Kisten verpackt. Die Früchte können kurzfristig bei 8 bis 10°C gelagert werden, jedoch besteht die Gefahr, daß die Längskanten schnell braun werden.

Tips zur Verwendung:
Die Karambole kann frisch, wie ein Apfel, gegessen werden. Sie wird jedoch meist als dekorative Garnitur für Drinks, Fruchtsalate, Süßspeisen, Tortenbeläge und Vorspeisen sowie für Hauptgerichte verwendet.

Küchentechnik:

1. Sollten die Kanten der Karambole durch zu langes Lagern braune Stellen aufweisen, können diese mit einem kleinen Messer etwa 2 mm dick abgeschnitten werden.

2. Die Frucht mit der Schale quer in Scheiben schneiden.

Kirsche

Herkunft:
Die Kirsche gehört zur Familie des Steinobstes und stammt aus Kaukasien. Ihren Namen erhielt sie von der Stadt Kerasos, von wo die Römer sie einst mitbrachten. Der Anbau findet in allen gemäßigten Zonen der Welt statt. Spätfröste können den Ertrag beträchtlich beeinflussen. Mit 75% ist Europa Spitzenreiter der Weltproduktion. Innerhalb der EG sind Italien und Deutschland führende Erzeugerländer.

Beschreibung und Geschmack:
Man unterscheidet bei Kirschen folgende Sorten:
Süßkirschen: Hierzu gehören die großen, weichen, saftigen Herzkirschen und die kleinen, festen Knorpelkirschen. Süßkirschen sind gelb, rot oder dunkelrot. Sie enthalten einen stark färbenden Saft.
Sauerkirschen: Hierzu gehören die dunkelroten, süß-sauren Morellen, die rotbraunen, sauren Weichseln und die hellroten, sauren Amarellen (Glaskirschen). Sauerkirschen sind weichfleischiger als Süßkirschen.

Einkauf und Lagerung:
Die Kirschernte beginnt in Italien, im ehemaligen Jugoslawien und in Frankreich bereits im Mai; in Deutschland erst Anfang Juni. Die Haupternte liegt in den Monaten Juni und Juli. Kirschen sind transportempfindlich. Am robustesten sind die Knorpelkirschen, die in Deutschland bevorzugt werden. Unbeschädigte Früchte können bei 0 bis 2°C etwa 1 Woche aufbewahrt werden.

Tips zur Verwendung:
Süßkirschen werden meist frisch gegessen. Sauerkirschen verarbeitet man oft zu Marmelade, Kompott, Saft, Obstbrand, Dessert, Konfekt und Eiscreme und nimmt sie auch gerne für die Kuchen- und Tortenherstellung. Berühmte Kirschprodukte sind Schwarzwälder Kirschtorte, Schwarzwälder Kirschwasser, Amarenakirschen und Cherry Brandy.

Küchentechnik:
Die Kirschen waschen, die Stiele abzupfen und die Kirschen mit einem Kirschenentsteiner, möglichst ohne die Früchte zu zerreißen, entsteinen.

Kiwi

Herkunft:
Die Kiwi, auch Chinesische Stachelbeere genannt, stammt aus China und Taiwan. Heute wird sie hauptsächlich in Neuseeland angebaut, aber auch in Australien, Kalifornien, Südafrika, Chile, Japan und einigen Mittelmeerländern.

Beschreibung und Geschmack:
Kiwis sind die Früchte einer rankenden, strauchartigen Pflanze. Die Früchte hängen traubenartig von den an Pfählen angebundenen Ranken herunter. Die eigroße, ovale Frucht wiegt 60 bis 100 g. Die Schale ist anfangs dunkelgrün, später bräunlich und haarig. Das grüne, leicht glasige Fruchtfleisch enthält viele (eßbare) schwarze Kerne und schmeckt erfrischend nach einer Kombination aus Stachelbeere, Melone und Erdbeere.

Einkauf und Lagerung:
Kiwis werden das ganze Jahr über im Handel angeboten. Reife Früchte geben auf leichten Fingerdruck nach. Unreife Früchte reifen bei Zimmertemperatur besonders schnell nach, wenn sie mit Äpfeln zusammen aufbewahrt werden.

Besonderheiten:
Frische Kiwis enthalten ein eiweißspaltendes Enzym, das Milchprodukte gerinnen und bitter werden läßt. Außerdem löst es die Bindung von Gelatine auf. Wenn die Frucht kurz blanchiert wird, kann sie zusammen mit Milchprodukten und Gelatine verwendet werden, weil das Enzym bei 40°C inaktiviert wird.

Tips zur Verwendung:
Zum Frischverzehr werden Kiwis quer halbiert und aus der Schale gelöffelt. Außerdem wird die Frucht zum Backen und Kochen verwendet. Sie eignet sich auch zur Herstellung von Saft, Limonade, Likör, Gelee und Kompott.

Küchentechnik:

1. Die Kiwi mit einem Sparschäler dünn schälen. Reifere, schon etwas weiche, Früchte werden mit dem Obstmesser geschält.

2. Den Stielansatz keilförmig herausschneiden und die Frucht in Scheiben, Ecken oder Spalten zerteilen.

Kokosnuß

Herkunft:
Die Kokosnuß ist die Frucht der Kokospalme, die vor allem auf Sri Lanka, in Indien, Malaysia, Indonesien, Mexiko, Brasilien und auf den Philippinen kultiviert wird. Die Kokospalme ist eine der wichtigsten Kulturpflanzen der tropischen Länder. Die 20 bis 30 m hohe Palme gedeiht am besten in Meernähe.

Beschreibung und Geschmack:
Eine Palme liefert etwa 60 Kokosnüsse pro Jahr. Die Reifezeit einer Nuß beträgt 1 Jahr. Die Früchte werden kindskopfgroß und etwa 2,5 kg schwer. Die Nuß ist von einer ledrigen, grünbraunen Außenschale umhüllt. Darunter befindet sich eine 4 bis 6 cm dicke, trocken-schwammige Faserschicht. Diese beiden Schichten werden schon im Erzeugerland entfernt. Dann kommt die 5 mm dicke, mit Basthaaren besetzte, braune Steinschale zum Vorschein. Diese hat an der stumpfen Seite 3 Keimöffnungen, die „Augen". Unter der Steinschale liegt die rotbraune Samenschale, darunter befindet sich das weiße, knorpelige, nussig schmeckende Samenfleisch (Fruchtfleisch). Das Innere der Nuß ist hohl und enthält das Kokoswasser, eine helle, leicht süß schmeckende Flüssigkeit. Mit zunehmendem Alter der Nuß verfestigt sich das Kokoswasser mehr und mehr zu Samenfleisch.

Einkauf und Lagerung:
Kokosnüsse werden ganzjährig gehandelt. Sie kommen in Säcken aus Kokosfasern zu uns und sind bei guter Luftzirkulation in einem kühlen Raum nur begrenzt haltbar. Eine Kokosnuß ist reif, wenn beim Schütteln das Kokoswasser deutlich zu hören ist. Bei alten Nüssen ist die gesamte Flüssigkeit zu Fruchtfleisch verfestigt, das seifig schmeckt und ungenießbar ist.

Besonderheiten:
Die Kokosnuß enthält recht viel Fett (36,5%). In ungefähr jeder 11000. Frucht bildet sich eine Kokosperle, die den Wert von Diamanten übersteigen soll.

Tips zur Verwendung:
Das Fruchtfleisch wird frisch verzehrt. Kokosraspel werden zum Backen verwendet. Kopra, das getrocknete Fruchtfleisch, ist das Ausgangsprodukt für die Gewinnung von Kokosfett. Das Kokoswasser kann auch frisch getrunken werden.

Küchentechnik:
Herstellung von Kokosmilch

1. Zwei Augen der Kokosnuß mit einem Nagel und einem Hammer durchstechen und das Kokoswasser in eine Schüssel gießen.

2. Die Schale der Kokosnuß mit dem Hammer in der Mitte rundherum anschlagen und die Nuß auseinanderbrechen.

3. Die harte äußere Schale abbrechen und die dünne, auf dem weißen Fleisch haftende Haut mit einem Messer oder Sparschäler entfernen.

4. Das Fruchtfleisch mit einer feinen Reibe über das Kokoswasser raspeln.

5. 1/4 l heiße Milch über die Masse gießen, alles verrühren und 2 bis 3 Stunden ziehen lassen.

6. Dann die Masse in ein Tuch geben und den Saft durch das Tuch in eine Schüssel pressen.

Limette

Herkunft:
Limetten gehören zu den Zitrusfrüchten. Sie stammen aus Südostasien und werden heute in vielen tropischen Ländern, aber auch in Ägypten, Mexiko, Brasilien und Florida kultiviert.

Beschreibung und Geschmack:
Limetten wachsen an immergrünen, mit Dornen versehenen Sträuchern oder an 4 bis 5 m hohen Bäumen. Die Früchte sind eiförmig und haben eine dünne, anfangs dunkelgrüne und später grüngelbe, glänzende Schale. Das Fruchtfleisch schmeckt stark sauer und enthält etwa doppelt soviel Saft wie eine Zitrone. Die Früchte sind meist kernlos. Zum Teil werden Limetten auch unter der Bezeichnung Limonen angeboten.

Einkauf und Lagerung:
Limetten sind das ganze Jahr über erhältlich. Tahiti-Limetten werden grün geerntet. Sie haben dann einen hohen Säuregehalt und sind gut lagerfähig. Mexiko-Limetten werden gelbgrün geerntet. Sie sind weniger sauer und müssen schnell verkauft werden. Limetten sind in der Regel unbehandelt. Die Lagerfähigkeit der Limetten ist bedeutend schlechter als die der Zitronen. Die Schale schrumpft schnell, und der Saftverlust der Frucht ist hoch. Bei Temperaturen um 10°C können sie 6 bis 8 Wochen gelagert werden.

Tips zur Verwendung:
Limetten werden für Eis, Sorbets, Kaltschalten, Quarkspeisen und Desserts verwendet. Die Schale dient als Backzutat, und der Saft bildet die Grundlage vieler Mix- und Fruchtsaftgetränke (Lime-Juice).

Küchentechnik:
Die Limette wird genauso vorbereitet wie die Zitrone (siehe Seite 47).

Litschi

Herkunft:
Die Heimat der Litschi ist Südchina. Der Name Litschi (oder Lychee) leitet sich vom chinesischen „Lee Chee" ab und bedeutet „Spenderin der Lebensfreude". Außer in China werden Litschis in Indien, Australien, Neuseeland, Madagaskar, Hawaii, Südafrika, Kenia, Brasilien und Florida angebaut.

Beschreibung und Geschmack:
Litschis sind die Früchte eines 10 bis 12 m hohen Baumes, der bis zu 300 kg Früchte pro Jahr liefern kann. Die Früchte wachsen zusammenhängend an Rispen, haben einen Durchmesser von 2,5 bis 4 cm und ähneln unseren Kiefernzapfen. Ihre ledrige, geschuppte Schale ist kirschrot und färbt sich während der Lagerung braun. Darunter befindet sich das perlmuttartig durchscheinende, geleeartige und nach Rosen duftende, süßsäuerliche Fruchtfleisch. Es enthält einen braunen, ungenießbaren Kern.

Einkauf und Lagerung:
Litschis kommen das ganze Jahr über in den Handel. Die Früchte müssen reif geerntet werden, da sie später nicht nachreifen. Bei Zimmertemperatur können die Früchte etwa 1 Woche aufbewahrt werden.

Besonderheiten:
Litschis enthalten viel Zucker und Vitamin C. Beim Kochen geht leicht ihr Aroma verloren, deshalb sollten die Früchte immer nur kurz erhitzt werden.

Tips zur Verwendung:
Litschis werden hauptsächlich frisch verzehrt. Sie eignen sich aber auch für Obstsalate, Cocktails, Kompotte, Sorbets, Grützen und Gelees. Litschis werden auch getrocknet oder in Konserven angeboten. Sie schmecken dann nicht mehr so aromatisch.

Küchentechnik:

1. Die Schale mit den Fingern aufbrechen und entfernen.

2. Das Fruchtfleisch mit einem kleinen Messer einschneiden und den sich darin befindenden Kern entfernen.

Loquat

Herkunft:
Die aus China und Japan stammende Frucht wird auch Japanische Mispel, Brasilianische Aprikose oder, in Italien, Nespoli, genannt. Loquats werden auch in Nordindien, Thailand, einigen Mittelmeerländern, Kalifornien, Florida sowie in Süd- und Mittelamerika angebaut.

Beschreibung und Geschmack:
Loquats sind Scheinfrüchte. Sie wachsen an 5 bis 10 m hohen, immergrünen Bäumen. Die kleinen, eiförmigen Früchte sind 3 bis 8 cm lang. Die hellgelbe bis tieforangefarbene Schale ist zäh und mehr oder weniger behaart. Das Fruchtfleisch ist sehr saftig und schmeckt angenehm süß-säuerlich. Die Frucht enthält 3 bis 5 bohnenähnliche, glänzende Kerne, die wie Mandeln verwertet werden.

Einkauf und Lagerung:
Von Januar bis Mai kommen Loquats aus Brasilien, von Mai bis Juni aus Spanien, Italien und aus der Türkei. Da die Früchte eine sehr empfindliche Schale besitzen, müssen sie vorsichtig transportiert und so schnell wie möglich in den Verkauf gebracht werden. Die Früchte können bei 4 bis 6°C 1 bis 2 Wochen gelagert werden. Loquats kommen auch in Konserven in den Handel.

Tips zur Verwendung:
Vollreife Früchte verlieren ihre starke Säure und können dann frisch verzehrt oder wie Pflaumen, Aprikosen oder Kirschen z.B. zu Kompott, Eis, Sorbet oder Fruchtsalat verarbeitet werden. Loquats eignen sich als Beilage zu Geflügel-, Fleisch- und Fischgerichten. In den Erzeugerländern werden sie auch getrocknet und zur Saftherstellung verwendet.

Küchentechnik:
1. Die Loquats mit einem Messer schälen oder die Schale abziehen.
2. Die Früchte halbieren und die Kerne entfernen.

Mandarine

Herkunft:
Mandarinen gehören zu den Zitrusfrüchten. Sie stammen aus China, werden heute aber auch in den Mittelmeerländern, in den USA, Südamerika, Südafrika und Australien kultiviert.

Beschreibung und Geschmack:
Die Mandarine wächst an Sträuchern oder an 4 bis 6 m hohen, immergrünen Bäumen. Mandarinen sind kleine, orangenähnliche Früchte. Sie haben eine dünne, orangefarbene, lose auf dem Fruchtfleisch sitzende Schale, die sich mit den Händen abschälen läßt. Das Fruchtfleisch ist in 8 bis 12 Kammern (Segmente) unterteilt, die sich leicht voneinander trennen lassen. Die meisten Sorten enthalten Kerne, doch es gibt auch kernlose Züchtungen. Das Fruchtfleisch ist fest, saftig und schmeckt süßsäuerlich. Mandarinen sind die süßesten Zitrusfrüchte.

Einkauf und Lagerung:
Mandarinen kann man ab Anfang Oktober während der ganzen Wintermonate kaufen. Die Früchte sind bereits mit noch grünfleckiger Schale zum Verzehr geeignet. Bei einer Temperatur von 6 bis 8°C können sie bis zu 6 Wochen gelagert werden.

Tips zur Verwendung:
Mandarinen werden vorwiegend frisch verzehrt. Daneben kann man sie zu Konfitüre, kandierten Früchten, Süßwaren, Likör und anderen Getränken verarbeiten.

Küchentechnik:
Zum Schälen und Verarbeiten der Mandarine braucht nicht viel gesagt zu werden, da es sicherlich jedem von uns von klein auf beigebracht wurde.

Mango

Herkunft:
Die Mango ist neben der Banane und der Ananas bestimmt die bedeutendste Tropenfrucht. Sie stammt aus Indien, wo zum Teil noch urwüchsige Mangowälder zu finden sind, und gilt dort als Nationalfrucht, der auch religiöse Bedeutung zukommt. Heute werden Mangos in allen tropischen Ländern angebaut. Hauptanbauländer sind, neben Indien, Lateinamerika, Südafrika, Israel, Zypern, Ägypten und Florida.

Beschreibung und Geschmack:
Die Früchte des 10 bis 30 m hohen Mangobaums zählen zu den Steinfrüchten. Sie hängen an langen Stielen und unterscheiden sich stark in Größe, Form und Farbe: Mangos können aprikosen- bis melonengroß, rund, oval, ei- oder nierenförmig sein. Die ledrige Schale ist grün, gelb, orange oder rot gefärbt. Diese Unterschiede treten sogar bei Früchten eines Baumes auf. Eine „durchschnittliche Mango" wiegt 300 g, sie kann allerdings auch 2 kg schwer werden. Das gelbliche, saftige, süße Fruchtfleisch umschließt den relativ großen, länglichen Stein, der sich oft schwer entfernen läßt.

Einkauf und Lagerung:
Mangos kann man das ganze Jahr über im Handel kaufen. Die Früchte sind transportempfindlich und werden deshalb unreif geerntet. Sie reifen dann in Lagern bei 25 bis 30°C nach, also bei relativ hohen Temperaturen. Kälte führt zu braunen Flecken und Fäulnis.
Eine Mango ist reif, wenn sie auf leichten Fingerdruck nachgibt und wenn sie einen aromatischen Duft verströmt. Unreif gekaufte Mangos reifen zu Hause in 1 Woche bei Temperaturen über 15°C nach.

Besonderheiten:
Mangos sind sehr saftig. Aber Vorsicht, der Saft hinterläßt auf der Kleidung schwer zu entfernende, braune Flecken.

Tips zur Verwendung:
Mangos werden hauptsächlich frisch verzehrt. Aus reifen Früchten werden Salate, Desserts, Eis, Sorbets, Kompotte, Saft, Mark, Suppen, Saucen, Gelees und Konfitüren hergestellt. Grüne, unreife Früchte werden zu scharfen Pasten, Chutneys und Pickels verarbeitet, die in den Erzeugerländern sehr geschätzt sind. In diesem Buch finden Sie auch zwei Rezepte für Mangochutney (siehe Seite 56 und 78).

Küchentechnik:

1. Feste oder grüne Mangos mit dem Sparschäler schälen.

2. Um den Stein zu entfernen, die Mango aufrecht hinstellen und das Fruchtfleisch mit dem Messer entlang des spürbaren Steines abschneiden.

3. Das noch am Stein hängende Fruchtfleisch mit Hilfe einer Gabel und mit dem Messerrücken vom Stein herunterschaben.

4. Bei reifen, weichen Früchten (mit Schale) das Fruchtfleisch bis zum Stein abschneiden und mit Hilfe eines Löffels aus der Schale nehmen.

5. Das ausgelöste Fruchtfleisch dekorativ in Spalten, Scheiben oder auch in kleine Würfel schneiden.

Mangostane

Herkunft:
Die Mangostane stammt aus Malaysia, wird aber auch in Südostasien, Mittelamerika und Brasilien angebaut. In Asien gilt die Frucht als kostspielige Delikatesse.

Beschreibung und Geschmack:
Die Mangostane wächst an einem 12 bis 15 m hohen, immergrünen Baum. Die Früchte mit einem Gewicht von etwa 80 g sind rund und oben sowie unten leicht abgeflacht. Die bis zu 8 mm dicke Schale ist rotbraun bis dunkelviolett, oft rot gefleckt und enthält einen harzigen, gerbsäurehaltigen Saft. Das schneeweiße Fruchtfleisch ist in 4 oder mehr Segmente eingeteilt und enthält längliche, gelbgrüne, eßbare Kerne. Das Fruchtfleisch schmeckt süß-säuerlich-würzig.

Einkauf und Lagerung:
Die Frucht muß reif geerntet werden, da sie später nicht mehr nachreift. Ungekühlt verdirbt sie schnell. Aus diesen Gründen, und weil sie relativ teuer sind, werden Mangostane bei uns recht selten angeboten.

Besonderheiten:
Die Schale enthält den Gerbstoff Tannin. Sie trocknet bei längerer Lagerung aus und ist dann schwer zu öffnen. Der purpurfarbene Saft der Schale verursacht schwer zu entfernende Flecken.

Tips zur Verwendung:
Die Frucht wird meist frisch und gut gekühlt mitsamt den Kernen gegessen. Besonders in Verbindung mit Sahne und Eis ist sie als Dessert beliebt. Mangostane passen aber auch zu Fisch- und Fleischgerichten. Sie sollten jedoch nur erhitzt, nicht gekocht werden, weil sonst ihr Geschmack verlorengeht.

Küchentechnik:

1. Die feste Schale mit einem Messer aufschneiden.

2. Das Fruchtfleisch herausnehmen und, wie bei Mandarinen, in die einzelnen Segmente zerteilen.

Melone

Herkunft:
Melonen gehören zu den Kürbisgewächsen. Man unterscheidet sie in Zuckermelonen, die aus Vorder- und Südasien stammen, und in Wassermelonen, die in den Steppengebieten Afrikas beheimatet sind. Der Name Melone ist vom griechischen Wort „melon" abgeleitet und bedeutet großer Apfel. Der Anbau erfolgt in vielen warmen Ländern der Erde, vor allem in den Mittelmeerländern, in Israel, Ungarn, Bulgarien, Marokko und in der Türkei.

Beschreibung und Geschmack:
Melonen enthalten ein aromatisches, festes Fruchtfleisch und werden, je nach Sorte, bis zu 4 kg schwer. Ihre zahlreichen Kerne sind leicht mit einem Löffel zu entfernen. Zu den Zuckermelonen gehören:
Ananasmelone: Die längliche Melone hat eine grüne bis gelbe, rauhe Schale und gelbrötliches, grünes oder fast weißes Fruchtfleisch, das nach Ananas schmeckt.
Kantalupmelone (Cantaloupe): Sie wurde nach ihrem Züchtungsort Cantalupe bei Rom benannt. Die Kantalup ist mit 400 g die kleinste Melone. Sie ist rund mit weißer, gelblicher oder grüner und glatter oder gerippter Schale. Das gelborangefarbene Fruchtfleisch schmeckt süß und aromatisch-würzig. Eine Unterart der Kantalup ist die Charentais oder Cavaillon.
Honigmelone (Netzmelone): Die ovalen Früchte haben eine grüne bis hellbraune und netzartig strukturierte Schale. Das rötlichgelbe oder grüne Fruchtfleisch schmeckt weniger süß als das der Ananasmelone oder der Kantalup.
Die Wassermelonen werden in einem eigenen Kapitel behandelt (siehe Seite 45).

Einkauf und Lagerung:
Melonen kommen das ganze Jahr über in den Handel. Eine reife Melone gibt auf leichten Fingerdruck nach und duftet am Blütenansatz intensiv und aromatisch. Unreife Melonen reifen bei Zimmertemperatur in wenigen Tagen nach. Sie sollten nicht im Kühlschrank aufbewahrt werden.

Tips zur Verwendung:
Melonen werden hauptsächlich frisch verzehrt oder als Fruchtsalat, mariniert mit Spirituosen oder Likören, püriert in Form von Kaltschalen oder Sorbets oder als Vorspeise serviert. Melonen lassen sich gleichermaßen mit süßen und mit herzhaften Lebensmitteln kombinieren.

Küchentechnik:

1. Die Melone der Länge nach halbieren und die Kerne mit einem Löffel entfernen.

2. Für den Frischverzehr die Fruchthälften in Spalten schneiden und das Fruchtfleisch mit einem Messer von der Schale lösen.

3. Für Melonenkugeln aus den noch nicht entkernten Melonenhälften mit einem Kugelausstecher Kugeln ausstechen. Erst wenn die erste Reihe rundherum ausgestochen ist, die Kerne entfernen.

4. Zur Dekoration die Frucht in der Mitte rundherum zickzackförmig bis zur Mitte hin einschneiden. Dann die Hälften auseinanderziehen und die Kerne entfernen.

Nashi

Herkunft:
Die Nashi, auch Chinesische Birne genannt, stammt aus Nordchina, Korea und Japan. Kultiviert werden die Früchte außerdem in Taiwan, Neuseeland, Australien, Chile und Kalifornien.

Beschreibung und Geschmack:
Die Nashi wächst an Sträuchern, die durch ein Pergolasystem gestützt werden. Es werden 2 Fruchttypen unterschieden. Der chinesische Typ ähnelt unserer Williams Christbirne, ist jedoch etwas größer und hat ein weicheres Fruchtfleisch mit vielen Steinzellen. Der japanische Typ hat runde, apfelähnliche Konturen, wie der Golden Delicious, und ein festes Fruchtfleisch ohne Steinzellen. Heute werden vorwiegend feste, saftige, apfelähnliche Nashis angeboten, die etwas milder im Aroma sind als unsere heimischen Birnen, und die als Apfel-Birnen bezeichnet werden. Ihre dünne, gelbe, hellgrüne oder bräunliche Schale kann mitgegessen werden.

Einkauf und Lagerung:
Nashis sind bei uns das ganze Jahr über erhältlich. Sie können bei 2 bis 4°C einige Wochen gelagert werden.

Tips zur Verwendung:
Nashis werden hauptsächlich frisch verzehrt. Sie eignen sich aber auch für Fruchtsalate, Kompotte, Marmeladen und Desserts.

Küchentechnik:
Nashis werden wie Äpfel oder Birnen geschält, halbiert und entkernt (siehe Seite 9).

Nektarine

Herkunft:
Die Nektarine, im Volksmund auch Glattpfirsich genannt, stammt vom Pfirsich ab, der aus China kommt. Hauptanbauländer sind Frankreich, Italien, Spanien, Griechenland, Israel und Kalifornien.

Beschreibung und Geschmack:
Nektarinen sind Steinfrüchte und unterscheiden sich vom Pfirsich durch ihre glatte Haut und ihr festeres Fruchtfleisch.

Einkauf und Lagerung:
Nektarinen kommen bei uns das ganze Jahr über in den Handel. Sie sind sehr transportempfindlich, deshalb werden sie noch unreif geerntet. Beim Nachreifen verlieren sie allerdings an Geschmack.

Besonderheiten:
Im Gegensatz zum Pfirsich haben die meisten Sorten einen leicht herauslösbaren Stein.

Tips zur Verwendung:
Nektarinen werden zum größten Teil frisch verzehrt. Ansonsten lassen sie sich wie Pfirsiche verarbeiten. Durch ihr festeres Fruchtfleisch kann man sie gut in dekorative Stücke zerteilen.

Küchentechnik:
Die Vorbereitung ist dieselbe wie beim Pfirsich (siehe Seite 38).

Orange

Herkunft:
Die Orange (Apfelsine) stammt aus Südchina. Haupterzeugerländer sind Israel, Brasilien, Florida, Kalifornien, die Mittelmeerländer, China, Mexiko, Indien, Südafrika und Australien.

Beschreibung und Geschmack:
Orangen sind die Früchte des 3 bis 8 m großen Orangenbaums. Sie können sich in Größe, Form (rund, oval), Farbe der Schale (gelb, orange, rot) und Geschmack unterscheiden. Unter der Schale befindet sich zunächst eine weiße Haut, die nicht mitgegessen wird. Das Fruchtfleisch ist in 8 bis 12 Segmente unterteilt. Es enthält mehr oder weniger viele Kerne und schmeckt süß oder süß-säuerlich. Die wichtigsten Orangensorten sind:
Blondorangen haben ein helles Fruchtfleisch und werden unter den Markennamen Naveline, Navel, Navel Late, Valencia (Spanien), Jaffa (Israel), Outspan (Südafrika) und Sunkist (Kalifornien) gehandelt.
Halbblutorangen haben ein leicht rötliches Fruchtfleisch und kommen als Washington Sanguina und Blutoval (Spanien), Moro (Marokko) sowie Tarocco (Sizilien) in den Handel.
Blutorangen haben ein blutrotes Fruchtfleisch und heißen Sanguinello (Italien, Spanien, Marokko).
Pomeranzen (Bitterorangen) sind nicht zum Frischverzehr geeignet. Ihre leicht zu lösende Schale wird als Würzzutat für Fleisch- und Fischgerichte und in Form von Orangeat als Backzutat verwendet. Das Fruchtfleisch kann zu Marmelade, Konfitüre, Likör (Curaçao), Limonade und Bittergetränken verarbeitet werden.
Kumquats (Zwergorangen) sind sehr kleine, ovale Orangen (2 bis 3 cm ⌀), die mit der dünnen Schale gegessen werden können (vorher aber gut waschen).
Limequats sind eine Kreuzung aus Orange und Limette.

Einkauf und Lagerung:

Gepflückte Orangen reifen nicht mehr nach. Deshalb kommen nur Früchte mit einem kontrollierten Zucker-Säure-Gehalt in den Handel. Die Schalenfarbe ist kein zuverläßliches Reifemerkmal, denn um ihre orangegelbe Farbe zu entwikkeln, benötigen die Früchte Nachttemperaturen um 0°C. So können auch Früchte mit leicht grüner Schale vollreif sein. Orangen werden hauptsächlich in den Wintermonaten angeboten. Um die Früchte während des Transportes und der Lagerung vor Fäulnis zu schützen, werden sie sofort nach der Ernte gewaschen und oft mit einem Wachsüberzug versehen. Bei einer Temperatur von 2 bis 5°C sind sie für mehrere Wochen haltbar.

Tips zur Verwendung:

Orangen werden meist frisch gegessen oder ausgepreßt. Wenn die Schale als Würzzutat verwendet werden soll, darf sie nicht behandelt worden sein. Auch dann sollten Sie sie vor dem Abreiben gut waschen.

Küchentechnik:

1. Zur Gewinnung von Orangenschale die unbehandelte Orange waschen, abtrocknen und die Schale auf einer feinen Reibe abreiben.

2. Für Orangenschalenstreifen (Zesten) die unbehandelte Orange waschen, abtrocknen und die Schale mit einem Zestenreißer in Streifen abziehen.

3. Um Filets zu erhalten, von der Orange oben und unten einen Deckel abschneiden. Dann die Schale mit einem Messer von oben nach unten so abschneiden, daß auch die weiße Haut entfernt wird.

4. Die einzelnen Filets aus den Trennwänden herausschneiden.

5. Den Saft der übriggebliebenen Trennwände mit den Händen herauspressen.

6. Um eine Kumquat zu entkernen, die Frucht quer halbieren und die Kerne durch leichten Druck auf die Schale herausdrücken oder mit einem spitzen Messer herauszupfen.

Papaya

Herkunft:
Die Papaya (Baummelone) stammt aus Mittelamerika. Die Haupterzeugerländer sind Mittel- und Südamerika, Florida, Hawaii, Indien und Afrika.

Beschreibung und Geschmack:
Papayas sind die Früchte des 10 m hohen Melonenbaums. Sie kommen in über 70 Arten vor. Die keulenförmigen Früchte haben eine ledrige, gelbgrüne bis goldgelbe Schale. Das hellgelbe bis orangefarbene Fruchtfleisch ist weich und schmeckt mildsüß, melonenartig. Im Inneren der Frucht befindet sich ein Hohlraum, der viele kleine schwarze Kerne enthält. Eine durchschnittliche Papaya wiegt etwa 500 g.

Einkauf und Lagerung:
Bei uns sind die Früchte das ganze Jahr über erhältlich. Papayas reifen nicht mehr nach, deshalb dürfen sie nicht zu früh gepflückt werden. Braune Flecken auf der Schale sind ein Zeichen für volle Reife. Außerdem gibt die Schale einer reifen Frucht auf leichten Fingerdruck nach. Papayas sind transportempfindlich. Im Kühlschrank können sie einige Tage lang aufgehoben werden.

Besonderheiten:
Papayas enthalten das eiweißspaltende Enzym Papain. Deshalb dürfen frische Früchte nicht zusammen mit Milchprodukten oder Gelatine verarbeitet werden. Durch kurzes Kochen kann man das Enzym allerdings inaktivieren. Das Papain wird auch gezielt aus den noch am Baum hängenden Früchten gewonnen und als Fleischzartmacher verwendet. Papayas enthalten keine Fruchtsäuren und wirken verdauungsfördernd.

Tips zur Verwendung:
Reife Papayas werden frisch, mit Zitronen- oder Limettensaft beträufelt, verzehrt. Unreife Früchte, die noch eine grüne Schale haben, schmecken herb und werden wie Kürbisse als Gemüse verarbeitet. Reife Papayas kann man auch für Fruchtsalat, Eis, Marmelade, Gelee und Desserts verwenden.

Küchentechnik:

1. Die Papaya mit einem Sparschäler dünn schälen.

2. Die Frucht halbieren und die Kerne mit einem Löffel herausschaben.

3. Das Fruchtfleisch in Spalten oder Scheiben schneiden.

Passionsfrucht

Herkunft:
Die Heimat der Passionsfrüchte liegt in Mittel- und Südamerika. Sie breiteten sich aber schnell auf klimatisch ähnliche Länder, wie Australien, Neuseeland, Kenia, Senegal, Kamerun, Elfenbeinküste, Kalifornien, Hawaii, Sri Lanka und Madagaskar, aus.

Beschreibung und Geschmack:
Passionsfrüchte kommen in mehreren 100 Sorten vor, von denen einige zauberhaft schöne Blüten hervorbringen. Einige Früchte ähneln kleinen Zitronen, andere großen, verschrumpelten Pflaumen. Die Schale ist gelb-orange, grün-braun-lila oder dunkelrot-violett. Alle Passionsfrüchte enthalten ein grüngraues oder weißes bis gelbliches, geleeartiges, saftreiches Fruchtfleisch, das von zahlreichen kleinen Kernen durchsetzt ist. Das Fruchtfleisch schmeckt erfrischend süß-säuerlich.
Passionsfrüchte werden unterschieden in:
Purpurgranadilla (rote Passionsfrucht): Die runde, purpurfarbene Frucht wiegt etwa 35 g und hat eine glatte, ledrige Schale. Diese fängt einige Tage nach der Ernte an zu schrumpfen, was ein Zeichen der Reife ist.
Maracuja (gelbe Passionsfrucht): die längliche, zitronengelbe oder manchmal auch hellgrüne Frucht wiegt etwa 90 g und hat eine dickere Schale als die Purpurgranadilla.

Einkauf und Lagerung:
Passionsfrüchte werden bei uns hauptsächlich in den Sommermonaten angeboten. Bei 5 bis 10°C können sie 2 Wochen lang gelagert werden.

Besonderheiten:
Rohe Passionsfrüchte lassen Speisen mit Gelatine nicht festwerden. Zusammen mit Milchprodukten verwendet, können sie die Speisen bitter machen, da sie ein eiweißspaltendes Enzym besitzen.

Tips zur Verwendung:
Die frischen Früchte werden halbiert und zusammen mit den Kernen ausgelöffelt. Zur Saftgewinnung wird das Fruchtfleisch mit den Kernen durch ein Sieb passiert. Passionsfrüchte können auch für Fruchtsalate, Eis, Sorbets, Gelees, Süßspeisen, Cremes, Tortenfüllungen und Mixgetränke verwendet werden.

Küchentechnik:
Zur Gewinnung des Fruchtfleisches die Frucht mit einem Messer halbieren, das Fruchtfleisch mit einem Löffel herausschaben und durch ein Sieb streichen.

Pfirsich

Herkunft:
Der Pfirsich stammt aus China und wird heute in fast allen warmen, gemäßigten Gebieten kultiviert. Hauptanbaugebiete sind Italien, Frankreich, Spanien, Griechenland, USA, Südamerika, Australien und Südafrika. Deutsche Anbaugebiete sind Baden, Rheinland-Pfalz und das Rheinland. Allerdings sind die Erträge durch Spätfröste in der Blütezeit oft gefährdet.

Beschreibung und Geschmack:
Pfirsiche sind Steinfrüchte. Sie wachsen an niedrigen Bäumen in extra dafür angelegten Plantagen. Die Früchte sind rund, manchmal etwas spitz zulaufend, mit einer mehr oder weniger ausgeprägten Längsfurche und einem vertieften Stielansatz. Die Haut ist grünlichgelb, gelb oder rot und mit vielen, feinen Härchen bedeckt. Das weiße, gelbe, oder (bei Blutpfirsichen) rote Fruchtfleisch schmeckt saftig, süß und hocharomatisch. Es enthält einen ovalen, zerfurchten, harten Stein. Die weißfleischigen, frühen Pfirsichsorten haben einen leichter zu lösenden Stein als die gelbfleischigen späten Sorten.

Einkauf und Lagerung:
Pfirsiche kommen bei uns das ganze Jahr über in den Handel. Sie sind noch druckempfindlicher als Nektarinen und werden ebenfalls noch unreif gepflückt. In Lagerhallen reifen sie nach, wobei sie allerdings an Geschmack verlieren. In speziellen Kühlhäusern können sie bis zu 4 Wochen gelagert werden. Zu Hause sind sie leider nur kurz lagerfähig.

Tips zur Verwendung:
Pfirsiche werden hauptsächlich frisch verzehrt. Außerdem kann man sie zu Fruchtsalaten, Marmeladen, Kompotten, Eis, Sorbets, Kaltschalen, Bowlen, Saft, Wein, Branntwein und Likör verarbeiten und für die Kuchen- und Tortenherstellung verwenden. Pfirsiche kommen auch in Konserven in den Handel. Die ölhaltigen Steine werden zu Likör (Persico) oder zu dem marzipanähnlichen Persipan verarbeitet.

Küchentechnik:

1. Zum Enthäuten den Pfirsich über Kreuz leicht einritzen, kurz in heißes Wasser tauchen und dann abschrecken. Die Haut mit dem Messer abziehen.

2. Zum Halbieren die Frucht entlang der Längsfurche bis zum Stein einschneiden, die beiden Fruchthälften gegeneinanderdrehen und so voneinander trennen.

3. Den Stein herauslösen oder, wenn er sehr fest sitzt, herausschneiden.

Pflaume

Herkunft:
Pflaumen sind die Steinfrüchte des Pflaumenbaumes, der in zahlreichen Arten aus asiatischen Wildformen gezüchtet wurde. Der Anbau erfolgt heute hauptsächlich in Italien, Spanien, im ehemaligen Jugoslawien, in Bulgarien und in den USA. In Deutschland wird die Pflaume erfolgreich in Baden, Rheinland-Pfalz, Niedersachsen und Bayern kultiviert.

Beschreibung und Geschmack:
Folgende Pflaumensorten gibt es:
Zwetschge: Eiförmige, blaue, bereifte Früchte. Der Reif dient als Schutz vor Austrocknung und sollte erst vor dem Verzehr abgewischt werden. Das weißlichgelbe bis grüne, feste Fruchtfleisch schmeckt saftig süß und enthält einen leicht herauslösbaren, flachen Stein. Bekannt sind vor allem die Bühler Zwetschgen, die sich gut zum Kochen und Backen eignen.
Edelpflaume: Große, rundlich ovale, blaue Früchte mit kleiner Furche, weichem, gelblichgrünem bis goldgelbem Fruchtfleisch und süß-würzigem Geschmack. Zum Kochen und Backen ist sie nicht so gut geeignet.
Reineclaude: Rundliche, gelbgrüne bis blaurote Frucht mit festem, saftigem, grünlichgelbem Fruchtfleisch, das aromatisch-süß schmeckt. Der rundliche Stein läßt sich schlecht herauslösen.
Mirabelle: Kleinste und süßeste Pflaume. Sie ist rund, gelb bis rötlich und hat ein festes Fruchtfleisch. Der kleine Stein läßt sich gut lösen. Mirabellen eignen sich gut zum Kochen und Backen.
Susine: Die japanische Pflaume hat eine gelbe bis rote Schale und ein gelbes bis dunkelrotes, sehr süßes Fruchtfleisch. Der Stein läßt sich nur sehr schwer lösen.

Einkauf und Lagerung:
Die heimische Ernte beginnt im Juli mit den Frühsorten und reicht mit den Spätsorten bis in den Oktober hinein. Importe kommen schon im Frühjahr aus den Mittelmeer- und Balkanländern und im Winter aus Afrika, Argentinien und den USA.

Tips zur Verwendung:
Pflaumen werden frisch oder getrocknet verzehrt oder zu Mus, Kompott, Marmelade, Kuchenbelag, Sorbet, Wein, Saft, Branntwein oder Rumfrüchten verarbeitet.

Küchentechnik:

1. Bei kleinen Sorten den Stein mit einem Pflaumenentsteiner entfernen.

2. Große Früchte mit einem Messer entlang der Naht aufschneiden, beide Hälften auseinanderklappen und den Stein herausnehmen.

Physalis

Herkunft:
Ihre Heimat liegt in Südamerika, von wo sie Anfang des 19. Jahrhunderts nach Südafrika an das Kap der guten Hoffnung kam. Deshalb wird sie auch Kapstachelbeere genannt. In Kenia, Indien, Australien und Neuseeland erfolgt auch gewerbsmäßiger Anbau.

Beschreibung und Geschmack:
Die Physalis ist eine Blasenkirsche und gehört zur Gattung der Nachtschattengewächse. Ihr gelblicher, dünner, stark gerippter Blütenkelch wölbt sich blasig um die orangefarbene, runde, leicht klebrige Beerenfrucht. Das gelbliche Fruchtfleisch enthält viele kleine, weiche Kerne (eßbar) und schmeckt erfrischend süß.

Einkauf und Lagerung:
Physalis kommen bei uns hauptsächlich von Dezember bis Juni in den Handel. Sie können bei 10 bis 15°C nur wenige Tage gelagert werden.

Tips zur Verwendung:
Außer für den Frischverzehr eignen sich Physalis für Kompott, Fruchtsalat, Mus, Sorbet und Marmelade. Sehr beliebt sind sie als Belag feiner Torteletts und Torten oder als Dekoration von Desserts und Getränken. Die Beeren lassen sich gut einfrieren.

Küchentechnik:

1. Der Blütenkelch (pergamentähnliche Hülle) läßt sich leicht öffnen. Die Früchte dann einfach herausnehmen und evtl. in Scheiben schneiden.

2. Die Früchte lassen sich auch in der zurückgeklappten und verdrehten Hülle dekorativ servieren.

Pitahaya

Herkunft:
Die Pitahaya wird in Südamerika angebaut. Ihre Heimat liegt in Kolumbien, wo sie von der Küste bis hin in die Höhenlagen kultiviert wird. Der einfacher auszusprechende Name Pitaya setzt sich immer mehr durch und steht stellvertretend für alle eßbaren Kaktusfrüchte.

Beschreibung und Geschmack:
Die Pitahaya ist die Frucht der dreikantigen Pitahaya-Kaktee, die in Spalieren kultiviert wird. Die mit Stacheln besetzte, 10 cm lange, ovale Frucht hat eine gelbe, mit Auswüchsen und Wülsten versehene Schale. Die Stacheln werden gleich nach der Ernte abgebürstet. Das weißliche, mit vielen kleinen schwarzen Kernen durchsetzte Fruchtfleisch schmeckt erfrischend süßlich und aromatisch. Außer der gelben Art gibt es auch eine rote mit glatter Schale und dunkelrotem Fruchtfleisch. Diese ist allerdings lange nicht so aromatisch wie die gelbe Frucht.

Einkauf und Lagerung:
Die Früchte werden in den Monaten Dezember bis März und Juli bis August vorwiegend aus Kolumbien importiert. Sie bedürfen keiner besonderen Kühlung und sind bis zu 12 Tagen lagerfähig.

Tips zur Verwendung:
Die Pitahaya wird vorwiegend frisch gegessen. Sie eignet sich auch für Fruchtsalate, Desserts, Torten- und Obstkuchenbeläge, Saucen und Sorbets.

Küchentechnik:

1. Reife Früchte lassen sich einfach schälen. Die Schale am Blütenansatz einschneiden und abziehen.

2. Die geschälte Frucht dann in Scheiben, Spalten oder Stücke schneiden.

Pomelo

Herkunft:
Die Pomelo stammt aus Israel, wo sie aus einer Kreuzung von Pampelmuse und Grapefruit hervorging. Außer in Israel (Jaffa-Pomelo) werden die Früchte auch in Südafrika und Thailand angebaut.

Beschreibung und Geschmack:
Die Pomelo ist kleiner als die Pampelmuse, jedoch wesentlich größer als die Grapefruit. Die rundliche Frucht ist von einer dicken, gelben bis hellgrünen, grobporigen Schale umgeben. Das Fruchtfleisch ist fest, hellgelb oder rosa und schmeckt fein-säuerlich und leicht bitter. Die weiße, dem Fruchtfleisch anhaftende Haut enthält Bitterstoffe, deshalb sollte sie beim Schälen möglichst vollständig entfernt werden.

Einkauf und Lagerung:
Pomelos sind bei uns das ganze Jahr über erhältlich. Die Frucht ist reif, wenn die Schale auf leichten Fingerdruck nachgibt. Eine leicht schrumpelige Schale zeigt ebenfalls Reife an.

Besonderheiten:
Pomelos enthalten weniger Vitamin C und Mineralstoffe als Grapefruits. Außerdem ist der Gerbstoffgehalt der Schale sehr hoch. Daher Vorsicht beim Verarbeiten, denn Flecken lassen sich nur schwer wieder entfernen.

Tips zur Verwendung:
Pomelos werden frisch verzehrt, obwohl das Fruchtfleisch wesentlich trockener ist als das der Grapefruit und auch bitterer schmeckt. Ansonsten werden sie wie Grapefruits verwendet (siehe Seite 16). Die Schale unbehandelter Früchte aus Israel wird kandiert und für die Konfektherstellung verwendet.

Küchentechnik:
Die Pomelo wird genauso vorbereitet wie die Grapefruit (siehe Seite 16).

Quitte

Herkunft:
Die Heimat der Quitten ist Asien. Sie werden heute auch auf Kreta, in Japan, Nordamerika, Spanien, Italien, Nordafrika und auf dem Balkan angebaut. Sogar in den sonnigen Gebieten Deutschlands (Weinklima) sind sie anzutreffen.

Beschreibung und Geschmack:
Quitten sind die Früchte eines bis zu 6 m hohen Strauchs oder Baums. Ihre ledrige Schale ist hellgrün bis goldgelb und ist mit einem feinen Flaum überzogen. Die reifen Früchte verströmen einen frischen, zitronenähnlichen Duft und werden bis zu 1 kg schwer. Das Kerngehäuse enthält rotbraune Kerne, die bittermandelähnlich schmecken. Nach ihrer Form werden die Quitten unterschieden in:
Apfelquitten: Sie haben ein meist rötliches, mit Steinzellen versetztes, festes, holziges Fruchtfleisch.
Birnenquitten: Sie sind weich, aromatisch und ergeben einen hellroten Saft.

Einkauf und Lagerung:
Quitten werden von September bis November geerntet, meist erst nach den ersten Frostnächten. Quitten reifen nicht mehr nach und sind sehr druckempfindlich.

Besonderheiten:
Quitten können wegen ihres starken Dufts bei der Lagerung zusammen mit anderen Früchten oder Lebensmitteln deren Geschmack beeinflussen.

Tips zur Verwendung:
Gekochte Quitten schmecken angenehm herb-säuerlich, etwas nach Ananas. Roh sind sie ungenießbar. Hauptsächlich werden sie zu Quittengelee verarbeitet. Sie eignen sich aber auch zur Herstellung von Mus, Marmelade, Kompott, Saft, Eis, Konfekt, Wein und Likör sowie als Kuchenbelag.

Küchentechnik:
Quitten werden genauso wie Äpfel und Birnen vorbereitet (siehe Seite 9).

Rambutan

Herkunft:
Rambut ist das malaiische Wort für „haarig". Die Rambutan ist eine reine Tropenfrucht. Sie stammt aus Malaysia. Aber auch in Indonesien, Thailand, Südindien, Sri Lanka, auf den Philippinen und auf Mauritius kommt sie vor.

Beschreibung und Geschmack:
Rambutane sind mit der Litschi verwandt. Sie wachsen, zusammenhängend an Büscheln, an immergrünen, 15 bis 20 m hohen Bäumen. Die pflaumengroßen Früchte haben eine pergamentartige, in Felder eingeteilte, weinrote Schale, die lange, wollig-weiche bis borstige, rote oder weißgelbe Haare bzw. Stacheln hat. Das nach Weintrauben und Zitrone schmeckende Fruchtfleisch ist weiß und hat ein süß-säuerliches Aroma. Die Frucht enthält einen langen, schwer lösbaren, ungenießbaren Kern.

Einkauf und Lagerung:
Rambutane sind bei uns von Juni bis Oktober und von Dezember bis Februar im Handel. Sie können bei 5 bis 10°C 1 bis 2 Wochen gelagert werden. Aus Malaysia und Thailand kommen Rambutane auch in Konserven zu uns.

Tips zur Verwendung:
Die Rambutan eignet sich gut zum Frischverzehr. Sie findet auch Verwendung in Fruchtsalaten, Saucen zu Fleisch-, Fisch- und Geflügelgerichten, Desserts, Kompotten, Eis, Marmelade, Cocktails und Mixgetränken.

Küchentechnik:

1. Die Schale mit den Fingern einreißen oder mit dem Messer aufschneiden und entfernen.

2. Das Fruchtfleisch bis auf den Stein einschneiden, die beiden Hälften auseinanderklappen und den Kern entfernen.

Tamarillo

Herkunft:
Tamarillos, auch Baumtomaten genannt, stammen aus den Anden Perus. Heute werden sie auch in Neuseeland, Brasilien, Ecuador, Kolumbien, Kenia, Kalifornien, Sri Lanka, Indien sowie auf Java und Madeira angebaut.

Beschreibung und Geschmack:
Die Tamarillo gehört, wie unsere Tomate, zu den Nachtschattengewächsen und ist dieser im Aussehen (nicht im Geschmack) sehr ähnlich. Tamarillos wachsen, zusammenhängend an langen Stielen, an immergrünen, 6 m hohen Bäumen. Die eiförmigen Früchte haben eine dünne, gelbe, orangefarbene, rote oder braunrote Schale und wiegen 70 bis 80 g. Das gelbe bis rote Fruchtfleisch wird von außen nach innen weicher und enthält in einer geleeartigen Masse zahlreiche weiche, dunkle, eßbare Kerne. Die Tamarillos haben einen herb-süßen Geschmack.

Einkauf und Lagerung:
Tamarillos werden bei uns das ganze Jahr über angeboten. Aus Neuseeland kommen auch ganze, geschälte Früchte in Dosen zu uns. Tamarillos werden nicht ganz reif gepflückt. Sie sind sehr transportempfindlich.

Tips zur Verwendung:
Tamarillos können ohne Schale frisch verzehrt werden. Sie passen aber auch gut zu Fleisch-, Geflügel- und Fischgerichten sowie zu Krustentieren.

Küchentechnik:

1. Feste Tamarillos mit einem Messer oder mit einem Sparschäler schälen.

2. Weiche Tamarillos über Kreuz leicht einritzen, überbrühen, abschrecken und enthäuten.

3. Den Stielansatz der geschälten Früchte keilförmig herausschneiden und sie, wie Tomaten, in Scheiben oder Stücke schneiden oder auch pürieren.

Wassermelone

Herkunft:
Die Wassermelone stammt aus den Steppengebieten Süd- und Zentralafrikas und dient dort wegen ihres hohen Wassergehalts (93%) in Trockenzeiten als Trinkwasserersatz. Sie wird heute vor allem in Südeuropa, Ägypten, im Süden der ehemaligen UdSSR, in den USA, in Südamerika, Japan und China kultiviert.

Beschreibung und Geschmack:
Die Wassermelone gehört, ebenso wie die Zuckermelone, zu den Kürbisgewächsen. Die große, länglich runde Frucht wird bis zu 15 kg schwer. Die Schale ist glatt, dick, hell- bis dunkelgrün und gestreift oder marmoriert. Das rote, feste Fruchtfleisch enthält zahlreiche dunkle Kerne. Das Fruchtfleisch schmeckt erfrischend süß, leicht wäßrig.

Einkauf und Lagerung:
Wassermelonen werden nach Gewicht verkauft, deshalb werden Melonen um 2,5 kg für den Export bevorzugt. Sie sind aufgrund der verschiedenen Reifezeiten das ganze Jahr über erhältlich. Die Reife der Melone kann man durch Klopfen gegen die Schale prüfen. Wenn sie „singt", ist sie reif. Melonen werden auch in Stücken, in Folie verpackt, verkauft. So lassen sie sich im Kühlschrank mehrere Tage aufheben.

Tips zur Verwendung:
Wassermelonen werden hauptsächlich frisch verzehrt. Sie eignen sich aber auch für die Zubereitung von Fruchtsalaten, Kaltschalen, Sorbets, Granités und Desserts. Außerdem passen sie zu herzhaften Lebensmitteln, wie Wurst, Käse, Fisch und Fleisch.

Küchentechnik:

1. Die Melone mit einem großen Messer in Spalten schneiden.

2. Die Kerne einzeln mit einer Gabel entfernen.

Weintraube

Herkunft:
Als Urheimat der Weintraube gelten Transkaukasien und Mittelasien. Heute wird sie weltweit angebaut und gehört zu den wichtigsten Obstsorten. Von der Traubenweltproduktion werden nur etwa 10% für Tafeltrauben verwendet, der Rest wird gekeltert oder getrocknet. Hauptanbaugebiete in Europa sind Italien, Spanien, Frankreich, Westdeutschland und die Balkanländer.

Beschreibung und Geschmack:
Alle Weintraubenpflanzen sind Klettersträucher, an denen die Beeren, zu Rispen (Trauben) angeordnet, herunterhängen. Die Beeren sind oval, grün oder rot und dick- oder dünnschalig. Die dunklen Sorten enthalten mehr Gerbsäure in den Schalen als die hellen. Die Vielzahl der Sorten ist bei Weintrauben besonders ausgeprägt. Leider würde eine detaillierte Beschreibung dieser Sorten den Rahmen dieses Buches sprengen, daher haben wir darauf verzichtet. Die Beeren einiger Sorten sind von einem dünnen, mehlartigen, abwischbaren Reif (Nebeltau) überzogen. Dieser entsteht beim Wechsel der Luftfeuchtigkeit zwischen Tag und Nacht. Wenn sich dieser Reif zurückbildet, entsteht ein wachsartiger, natürlicher Film. Die Trauben enthalten bis zu 5 Kerne, können aber auch kernlos sein.

Einkauf und Lagerung:
Weintrauben sind das ganze Jahr über im Handel. Im September und Oktober kommen die deutschen Sorten auf den Markt. Sie werden lose nach Gewicht oder in Körbchen zu 500 g verkauft. Trauben müssen reif geerntet werden, da sie nicht mehr nachreifen.

Tips zur Verwendung:
Weintrauben werden frisch verzehrt, zu Wein gekeltert, zu Saft gepreßt, zu Rosinen, Korinthen usw. getrocknet oder als Garnitur für Käse- und Wurstplatten, als Tortenbelag, Obstsalat sowie in Saucen oder Desserts verwendet.

Küchentechnik:

1. Die Trauben unter lauwarmem Wasser waschen, um Staub und Spritzmittelrückstände zu entfernen. Dann die Beeren von den Stielen zupfen.

2. Zum Entkernen die Beeren mit einem Messer halbieren und die Kerne mit der Messerspitze entfernen.

Zitrone

Herkunft:
Die Zitrone stammt aus Westasien, Südchina und Vorderindien. Heute ist sie in den subtropischen Gebieten der ganzen Welt zu finden. Sie verträgt weder Kälte noch zu starke Hitze. Hauptanbauländer sind Italien, Spanien, Griechenland, Kalifornien, Florida sowie Mittel- und Südamerika.

Beschreibung und Geschmack:
Die Früchte wachsen an immergrünen Zitronenbäumen, die bis zu 7 m hoch werden können. Die ovale bis eiförmige Frucht wiegt 50 bis 120 g. Die Schale ist außen rauh oder glatt grün bis gelb und innen weiß und schwammig trocken. Das Fruchtfleisch besteht aus 7 bis 10 Segmenten mit einigen Kernen, ist sehr saftig und ausgesprochen sauer.

Einkauf und Lagerung:
Zitronen sind durch ihren weltweiten Anbau ganzjährig erhältlich. Im allgemeinen werden sie noch vor der vollen Reife geerntet. Während der Lagerung bei 10°C reifen die Zitronen nach. Die Frucht ist reif, wenn die matte Schale zu glänzen beginnt.

Besonderheiten:
Zitronen enthalten etwa 5% Zitronensäure und viel Vitamin C. Die Schale enthält ätherische Öle, die für Gewürze und Essenzen in der Bäckerei und Kosmetikindustrie verwendet werden. Wenn die Schale der Zitrone verarbeitet werden soll, dürfen nur unbehandelte Früchte verwendet werden.

Tips zur Verwendung:
Zitronensaft und Zitronenschale werden als Würzzutat beim Abschmecken von Süßspeisen, Desserts, Suppen und Saucen sowie Fisch-, Fleisch- und Geflügelgerichten verwendet. Die kandierte Schale wird als Zitronat beim Backen gebraucht. Außerdem wird die Zitrone für die Eis-, Limonaden- und Getränkeherstellung benötigt.

Küchentechnik:

1. Zum Gewinnen der Schale die unbehandelte Zitrone waschen, abtrocknen und die Schale entweder auf einer Reibe abreiben oder mit einem Zestenreißer in Streifen abziehen.

2. Zur Saftgewinnung die Zitrone halbieren und auspressen.

3. Zitronenfilets werden ebenso herausgeschnitten wie Orangenfilets (siehe Seite 35).

Kalbsjus

Zubereitungszeit: ca. 2 1/2 Stunden

Sie benötigen für etwa 1,2 l Jus:

- 2,5 kg Kalbsknochen
- 80 ml Pflanzenöl
- 500 g Zwiebeln
- 250 g Karotten
- 100 g Knollensellerie
- 1 1/2 EL dreifach konzentriertes Tomatenmark
- 1/2 l Rotwein
- 10–12 Pfefferkörner
- 1 Lorbeerblatt
- 2 Nelken
- 2 Pimentkörner
- 2 Zweige Thymian
- 1/2 Knoblauchzehe

So wird's gemacht:

1. Den Backofen auf 180°C vorheizen. Die Knochen gleichmäßig zerkleinern und zusammen mit dem Öl in einen Bräter geben. Diesen in den Backofen schieben und die Knochen rösten, sie dabei öfter wenden.

2. In der Zwischenzeit die Zwiebeln schälen und grob würfeln. Die Karotten und den Sellerie waschen, schälen und in Stücke schneiden. Wenn die Knochen eine goldbraune Farbe haben, das Wurzelgemüse dazugeben und Farbe nehmen lassen.

3. Das überschüssige Fett aus dem Bräter abgießen und das Tomatenmark hineinrühren. Das Mark trokkenrösten und mit dem Rotwein ablöschen. Alles einkochen lassen, bis das Tomatenmark wieder trokken ist.

4. Die Knochen mit soviel kaltem Wasser übergießen, daß sie bedeckt sind, und den Bratensatz mit einer Spachtel vom Pfannenboden lösen. Anschließend alles in einen entsprechend großen Topf umfüllen und auf dem Herd zum Kochen bringen.

5. Die Flüssigkeit nach dem Aufkochen öfter abschäumen, die Gewürze, den grob gehackten Thymian sowie den geschälten Knoblauch hinzufügen und die Jus bei kleiner Hitze 1 bis 1 1/2 Stunden leicht köcheln lassen. Anschließend die Jus durch ein feines Tuch in einen Topf passieren.

6. Die Kalbsjus auf etwa zwei Drittel einreduzieren lassen, wenn notwendig, sie durch Auflegen von Küchenkrepp entfetten. Die Jus erst bei der Weiterverarbeitung würzen.

7. Die Jus anschließend entweder heiß in sterile Gläser abfüllen oder in Plastikbehältern einfrieren.

Geflügelfond

Zubereitungszeit: ca. 2 1/2 Stunden

Sie benötigen für 1,5 bis 2 l Fond:

- 1 küchenfertiges Suppenhuhn
- 80 g Karotten
- 80 g Lauch
- 80 g Petersilienwurzel
- 80 g Knollensellerie
- 1/2 Knoblauchzehe
- 1/2 Zwiebel mit Schale
- 1 Lorbeerblatt
- 1 Nelke

So wird's gemacht:

1. In einem Topf reichlich Wasser zum Kochen bringen und das Suppenhuhn darin blanchieren, d.h. das Huhn in das kochende Wasser geben, kurz aufkochen, dann herausnehmen und mit kaltem Wasser abspülen, um Schmutzstoffe zu entfernen.

2. Danach das Huhn in einen Topf geben und soviel kaltes Wasser hinzufügen, bis das Huhn gut bedeckt ist. Die Flüssigkeit zum Kochen bringen und den entstehenden Schaum abschöpfen. Das Huhn bei kleiner Hitze 1 1/2 bis 2 Stunden kochen lassen.

3. Das Wurzelgemüse waschen, schälen bzw. putzen und kleinschneiden. Den Knoblauch schälen. Die Zwiebel mit der Schnittfläche in einer Pfanne rösten, bis sie unten dunkelbraun ist.
4. Die vorbereiteten Zutaten sowie das Lorbeerblatt und die Nelke nach etwa 3/4 Stunden Kochzeit zum Fond geben.
5. Nach 1 1/2 bis 2 Stunden Kochzeit den Geflügelfond durch ein feines Tuch passieren. Dabei den Fond mit einer Kelle hineinschöpfen und nicht am Tuch rütteln.
6. Zum Schluß den Geflügelfond durch Auflegen von Küchenkrepp entfetten.
7. Anschließend entweder heiß in sterile Gläser abfüllen oder in kleinen Plastikbehältern einfrieren.

Tip

Da die Herstellung eines Geflügelfonds sehr aufwendig ist, empfiehlt es sich, ihn in größeren Mengen herzustellen. Statt des frischen Suppenhuhns können Sie auch gefrorene Hühner, Geflügelteile oder Geflügelknochen verwenden.

Fischfond

Zubereitungszeit: ca. 1 Stunde

Sie benötigen für etwa 1,5 l Fond:

- 1 kg Fischgräten (z.B. von Zander, Seezunge, Steinbutt)
- 3–4 Schalotten
- 1/2 Fenchelknolle
- 1/2 Stange Lauch
- 50 ml Olivenöl
- 500 ml trockenen Weißwein
- 1 Lorbeerblatt
- 2 Nelken
- 6–8 Pfefferkörner
- 2 Zweige Thymian

So wird's gemacht:

1. Die Fischgräten mit einer Schere in Stücke schneiden. Dann gründlich in kaltem Wasser wässern, bis sie frei von Schmutz und Blutresten sind.
2. Die Schalotten schälen und in Ringe schneiden. Den Fenchel und den Lauch putzen, waschen und ebenfalls in recht dünne Streifen schneiden.
3. Das Öl in einem flachen Topf erhitzen und die Schalotten darin glasig dünsten. Anschließend Fenchel und Lauch kurz mitdünsten.
4. Die Fischgräten zum Gemüse geben. Einmal umrühren und dann mit dem Weißwein ablöschen. Soviel Wasser dazugeben, bis die Gräten bedeckt sind. Die Gewürze und den grob gehackten Thymian hinzufügen.
5. Den Fond langsam zum Kochen bringen, abschäumen und etwa 20 Minuten bei kleiner Hitze köcheln lassen.
6. Zum Schluß den Fischfond durch ein feines Tuch passieren und entweder heiß in sterile Gläser abfüllen oder in kleinen Plastikbehältern einfrieren.

Läuterzucker

Zubereitungszeit: ca. 10 Minuten

Sie benötigen für 400 ml:

- 250 g Zucker
- 1/4 l Wasser

So wird's gemacht:

1. Den Zucker und das Wasser zusammen in einem Topf zum Kochen bringen, dabei mit dem Schneebesen umrühren. Dann etwa 1 Minute kochen lassen. Anschließend den Topf vom Feuer nehmen.
2. Den Sirup heiß in Flaschen oder Gläser abfüllen. So kann er über einen längeren Zeitraum hinweg aufbewahrt werden.

Tip

Der Läuterzucker, auch Zuckersirup genannt, bildet die Basis für zahlreiche Sorbet-, Eis- oder Dessertzubereitungen.

Vorspeisen und Suppen

Bis vor kurzem wurden Früchte meist nur für Desserts verwendet. Mittlerweile haben sich aber auch pikante Zubereitungen, wie beispielsweise das Würzen reifer Früchte mit Salz und Pfeffer, in der Vorspeisenküche etabliert.

Avocado-Orangen-Salat mit Himbeeressig-vinaigrette

Zubereitungszeit: ca. 20 Minuten

Sie benötigen für 4 Portionen:
2 Avocados
Saft von ½ Zitrone
3 Orangen
1 kleiner Kopf Friséesalat
2 EL geröstete Sonnenblumenkerne

Für die Vinaigrette:
4 EL Himbeeressig
1 Prise Salz
grob gemahlenen schwarzen Pfeffer
6 EL Distelöl

So wird's gemacht:

1. Die Avocados schälen, halbieren, die Steine herauslösen und das Fruchtfleisch in Spalten schneiden (siehe Seite 10). Diese mit dem Zitronensaft beträufeln.

2. Die Orangen schälen, die Filets herausschneiden (siehe Seite 35) und den Saft aus den zurückgebliebenen Scheidewänden in eine Schüssel pressen. Den Friséesalat putzen, waschen und grob zerpflücken.

3. Den Himbeeressig zum Orangensaft geben, Salz und Pfeffer einrühren und das Distelöl in einem dünnen Strahl unterrühren. Dann noch 2 Eßlöffel Wasser darunterschlagen.

4. Die Salatblätter auf Tellern kranzförmig anrichten. Die Avocadospalten und die Orangenfilets darauf verteilen und alles mit der Vinaigrette übergießen. Zum Schluß die gerösteten Sonnenblumenkerne darüberstreuen.

Salat von Birnen und Grapefruit mit gekochtem Schinken

Zubereitungszeit: ca. ¼ Stunde

Sie benötigen für 4 Portionen:
2 Birnen
Saft von ½ Zitrone
3 EL Crème fraîche
1 EL Puderzucker
1 EL Williamsgeist
Salz
weißen Pfeffer
2 rosa Grapefuits
2 Chicoréestauden
4 Scheiben gekochten Schinken
4 Zweige Kerbel zum Garnieren

So wird's gemacht:

1. Die Birnen schälen, vierteln und die Kerngehäuse herausschneiden. Die Viertel zunächst in Scheiben, dann in Streifen schneiden. Diese in eine Schüssel geben und mit dem Zitronensaft beträufeln.

2. Die Crème fraîche in eine Schüssel geben, den Puderzucker hineinsieben und beides glattrühren. Die Masse mit dem Williamsgeist verfeinern und mit Salz und Pfeffer abschmecken. Die Sauce über die Birnen geben und vorsichtig unterheben.

3. Die Grapefruits schälen und filetieren (siehe Seite 17). Vom Chicorée die einzelnen Blätter abzupfen. Diese putzen, waschen und trokkentupfen. Die Chicoréeblätter der Länge nach halbieren.

4. Die Chicoréespitzen in einem Halbkreis auf die Teller legen und den Birnensalat darauf anrichten. Die Grapefruitfilets zum Salat geben und auf jeden Teller noch eine Scheibe Schinken legen. Den Salat mit Kerbel garnieren.

Salat von der Kalbszunge mit Mandarinen-Melisse-Vinaigrette

Zubereitungszeit: ca. 20 Minuten

Sie benötigen für 4 Portionen:
500 g Mandarinen
1 Msp. Ingwerpulver
1 gepökelte, gekochte Kalbszunge
einige Tropfen Tabasco
1 Prise Salz
100 ml Sonnenblumenöl
1 kleinen Bund Zitronenmelisse
Salatblätter der Saison
zum Garnieren

So wird's gemacht:

1. 6 Mandarinen schälen und die Filets herausschneiden (siehe Orange Seite 35). Den Saft aus den übriggebliebenen Scheidewänden in einen Topf pressen. Die restlichen Mandarinen auspressen und den Saft ebenfalls in den Topf geben.

2. Den Mandarinensaft zum Kochen bringen, das Ingwerpulver dazugeben und die Flüssigkeit auf die Hälfte reduzieren. Anschließend abkühlen lassen.

3. Die Zunge der Länge nach auf einer Schneidemaschine oder mit dem Messer in dünne Scheiben schneiden.

4. Den Mandarinensaft mit Tabasco und Salz kräftig würzen und das Öl unterrühren. Die Melisse fein schneiden und dazugeben.

5. Die Zungenscheiben mit den Mandarinenfilets auf Tellern anrichten, mit den gewaschenen und trockengetupften Salatblättern garnieren und die Sauce angießen.

Salat mit gebratenem Kaninchenrücken und Pomelo

Zubereitungszeit: ca. $1/2$ Stunde

Sie benötigen für 4 Portionen:

- 1 Kaninchenrücken mit Nieren und Leber
- 1 gelben Chicorée
- 1 roten Chicorée
- 150 g Feldsalat
- 30 g rote Linsen
- 2 rosa Pomelos oder rosa Grapefruits
- 2 EL Pflanzenöl
- Salz
- weißen Pfeffer
- 2 EL Himbeeressig
- 6 EL Olivenöl

So wird's gemacht:

1. Den Kaninchenrücken vorbereiten. Das Fleisch von den Knochen lösen und die losen Häute und Sehnen von den Filets entfernen. Die Haut der Nieren abziehen. Die Leber waschen und trockentupfen.

2. Die Salate putzen und waschen. Die Blätter abzupfen und trockenschleudern. Sollte der Chicorée bitter sein, die Blätter kurz in lauwarmes Wasser legen und gleich danach in kaltem Wasser kurz abschrecken.

3. Die Linsen in Wasser (ohne Salz) in etwa 10 Minuten bei milder Hitze bißfest kochen, danach abschrecken und in einem Sieb gut abtropfen lassen.

4. Die Pomelos schälen, die Filets herausschneiden (siehe Orange Seite 35) und den Saft aus den zurückgebliebenen Scheidewänden in eine Schüssel pressen.

5. Das Pflanzenöl in einer Pfanne erhitzen. Das Kaninchenfleisch mit Salz und Pfeffer würzen. Das Fleisch im heißen Öl von beiden Seiten etwa 4 Minuten braten. Nach etwa 2 Minuten die Leber und die Nieren dazugeben. Diese erst nach dem Braten salzen und pfeffern.

6. In der Zwischenzeit den Essig in eine Schüssel geben, mit Salz und Pfeffer würzen und das Olivenöl einrühren. Dann den Saft der Pomelos dazugeben.

7. Die Chicoréespitzen auf Tellern kreisförmig anrichten und mit der Vinaigrette beträufeln. Den Feldsalat in der restlichen Vinaigrette marinieren und in der Mitte anrichten, die gekochten Linsen darüberstreuen. Das Kaninchenfleisch und die Leber in Scheiben schneiden, die Nieren der Länge nach halbieren und alles auf den Salaten verteilen.

Gebratene Entenbrust mit Löwenzahnsalat und Mangochutney

Zeit zum Durchziehen
des Chutneys: ca. 1 Tag
Zubereitungszeit: ca. 1 3/4 Stunden

Sie benötigen für 4 Portionen:

Für ca. 1 kg Chutney:
- 700 g feste Mangos
- Salz
- 1 Knoblauchzehe
- 40 g frischen Ingwer
- 200 ml Weinessig
- 1 TL Cayennepfeffer
- 750 g Zucker
- 250 g Honigmelone

Außerdem:
- 2 Entenbrüste mit Haut à 180 g

Für den Salat:
- 2 Stauden Löwenzahn
- 1/2 Knoblauchzehe
- 1 Msp. Senf
- Salz
- schwarzen Pfeffer
- 3 EL Rotweinessig
- 6 EL Sojaöl

Zum Braten:
- Salz
- weißen Pfeffer
- 3 EL Pflanzenöl

Außerdem:
- 2 Scheiben Toastbrot
- 1 EL Butter
- 40 g Speck

So wird's gemacht:

1. Bereiten Sie das Mangochutney schon 1 Tag vor dem Servieren zu. Dafür die Mangos schälen und das Fruchtfleisch vom Stein abschneiden (siehe Seite 30). Dann würfeln. Die Würfel in einer Schüssel mit Salz bestreuen und zugedeckt etwa 1 Stunde Saft ziehen lassen.

2. In der Zwischenzeit den Knoblauch und den Ingwer schälen. Den Knoblauch grob hacken, den Ingwer fein reiben. Aus 100 ml Essig, 1/2 Teelöffel Cayennepfeffer, Knoblauch und Ingwer im Mörser eine feine Paste reiben.

3. Die Mangos und den Zucker in einen Topf geben und 20 bis 30 Minuten köcheln, bis die Mangos weich sind und der Saft dickflüssig geworden ist.

4. Inzwischen die Melone halbieren, entkernen, schälen und das Fruchtfleisch in Würfel schneiden.

5. Wenn die Mangos weich sind, die Würzpaste vorsichtig unterrühren und die Melonenwürfel dazugeben. Die Masse weitere 8 bis 10 Minuten köcheln lassen. Dann mit Salz, dem restlichen Essig (100 ml) und dem restlichen Cayennepfeffer (1/2 TL) würzen.

6. Das Chutney auf kleiner Flamme weitere 10 bis 15 Minuten leise köcheln lassen, bis es sehr dickflüssig ist. Das Chutney heiß in sterile Gläser mit Twist-off-Verschluß abfüllen und diese verschließen. Das Chutney 1 Tag durchziehen lassen. Es ist ungeöffnet etwa 6 Monate haltbar.

7. Am Tag des Servierens die Entenbrüste waschen, trockentupfen und die Haut mit einem scharfen Messer im Karomuster bis knapp über das Fleisch einschneiden. Den Backofen auf 200°C vorheizen. Den Löwenzahn putzen, waschen und trockenschleudern. Sollte der Salat bitter sein, die Blätter kurz in lauwarmes Wasser legen und gleich danach in kaltem Wasser abschrecken.

8. Für das Dressing den Knoblauch schälen, fein hacken und zusammen mit Senf, Salz und Pfeffer in eine Schüssel geben. Den Essig hinzufügen und die Gewürze darin auflösen. Dann das Öl einrühren.

9. Die Entenbrüste mit Salz und Pfeffer würzen. Das Öl in einer Pfanne erhitzen und die Entenbrüste darin auf der Hautseite anbraten.

10. Die Brüste wenden und im Backofen etwa 5 Minuten braten. Danach die Brüste noch einmal wenden und noch etwa 5 Minuten weiterbraten. Dann aus dem Backofen nehmen und einige Minuten zugedeckt ruhen lassen.

11. Das Toastbrot entrinden und in Würfel schneiden. Die Butter in einer Pfanne aufschäumen lassen.

12. Den Speck in Streifen schneiden und in der Butter auslassen. Die Brotwürfel hinzufügen und goldbraun rösten. Alles auf einen Teller geben.

13. Den Salat mit dem Dressing marinieren, auf Tellern anrichten und mit Brotwürfeln und Speck bestreuen. Die Entenbrüste in Scheiben schneiden und fächerartig auf den Tellern anrichten. Zum Schluß auf jeden Teller noch 2 Eßlöffel Mangochutney geben.

Gebeizter Lachs mit Grapefruit und grünem Spargel

Marinierzeit: 24 Stunden
Zubereitungszeit: ca. 50 Minuten

Sie benötigen für 4 Portionen:
500 g Lachsfilet (Mittelstück mit Haut)

Für die Beize:
4 TL Salz
1 EL Zucker
1 TL Senfkörner
1 TL Wacholderbeeren
1 TL Pfefferkörner
1 Nelke
2 Bund Dill

Außerdem:
1 Bund grüner Spargel (500 g)
Salz
Saft von ½ Zitrone
Zucker
1 gelbe Grapefruit
1 rosa Grapefruit
3 EL Himbeeressig
Pfeffer
6 EL Pflanzenöl
etwas Blattsalat der Saison zum Garnieren

So wird's gemacht:

1. Die Quergräten des Lachsfilets mit Hilfe einer Pinzette oder einer kleinen Zange entfernen.

2. Für die Beize das Salz und den Zucker in einer Schüssel mischen. Senfkörner, Wacholderbeeren, Pfefferkörner und Nelke in einem Mörser zerstoßen und dazugeben. Den Dill waschen und fein schneiden.

3. Das Lachsfilet mit der Hautseite nach unten auf ein tiefes Blech legen und die Beize darüber verteilen. Den Dill darübergeben und den Fisch mit Klarsichtfolie abdecken. Das Filet im Kühlschrank 12 Stunden marinieren, dann wenden und weitere 12 Stunden marinieren.

4. Den Spargel eventuell mit einem Sparschäler oder Spargelmesser dünn schälen. (Grüner Spargel muß nicht unbedingt geschält werden. Es reicht, die hellen Enden abzuschneiden.)

5. Den Spargel zusammenbinden und zusammen mit reichlich Wasser, Salz, Zitronensaft und Zucker in einem Topf etwa 15 Minuten garen. Anschließend mit einer Schaumkelle herausnehmen und abschrecken. Den Spargelfond aufheben.

6. Die Grapefruits schälen, die Filets herauslösen (siehe Seite 17) und den Saft aus den Scheidewänden in eine Schüssel pressen. Den Saft mit dem Himbeeressig verrühren, Salz und Pfeffer dazugeben und das Öl hineinrühren. Zum Schluß noch 2 bis 3 Eßlöffel Spargelfond unter die Vinaigrette rühren.

7. Den Blattsalat putzen und waschen. Dann den Lachs aus der Beize nehmen. Die Marinade vom Lachs entfernen und das Filet mit einem Lachsmesser in gleichmäßig dünne Scheiben schneiden.

8. Den Spargel, die Grapefruits und den Blattsalat mit der Vinaigrette anmachen und auf Tellern anrichten. Die Lachsscheiben dazulegen.
Die Vorspeise nach Belieben mit Toast oder Weißbrot servieren.

Tip

Wenn Sie keine Zeit haben, den Lachs selbst zu marinieren, nehmen Sie für das Rezept 20 Scheiben fertig gebeizten Lachs.

Räucherlachsrosetten mit Granatapfelgelee und Senfsauce

Zubereitungszeit: ca. 1 Stunde

Sie benötigen für 4 Portionen:

Für das Gelee:

3 Blatt weiße Gelatine
2 Granatäpfel
1 EL Zucker, 1/4 l Weißwein

Außerdem:

125 g Sahne, Saft von 1/2 Zitrone
20 Scheiben Räucherlachs (300 g)
einige Blätter Feldsalat
Salz, weißen Pfeffer
1 EL groben Senf (Rôtisseursenf)

So wird's gemacht:

1. Die Gelatine etwa 10 Minuten in kaltem Wasser quellen lassen.
2. Die Granatäpfel halbieren und auf einer Saftpresse auspressen. Den Saft in einen Topf geben und den Zucker und den Weißwein dazugeben. Die Flüssigkeit zum Kochen bringen und bei schwacher Hitze auf 1/4 l einreduzieren.
3. Den Granatapfelsaft durch ein Sieb schütten. Die Gelatine gut ausdrücken und in der noch heißen, aber nicht kochenden Flüssigkeit auflösen. Die Flüssigkeit in ein Schälchen füllen und im Kühlschrank in etwa 1/2 Stunde erstarren lassen. (Es wird nur halbfest.)
4. Die Sahne in eine Schüssel geben, mit dem Zitronensaft verrühren und dann stehen lassen.
5. Die Räucherlachsscheiben zu Rosetten drehen und kreisförmig auf Tellern anrichten. Den Feldsalat putzen, waschen, trockentupfen, in die Zwischenräume geben.
6. Die Sahne mit Salz, Pfeffer und Senf abschmecken. Das Granatapfelgelee mit einem Eßlöffel jeweils in die Tellermitte geben und die Senfsauce außen um die Lachsrosetten ziehen.

Melonenkugeln in Portweinsauce

Zubereitungszeit: ca. 1/2 Stunde

Sie benötigen für 4 Portionen:

4 kleine Honigmelonen
1/8 l roter Portwein
1 EL Zucker
1 Msp. Ingwerpulver, 1 Prise Salz
2 Limetten
1 kleinen Bund Pfefferminze

So wird's gemacht:

1. Die Melonen jeweils entlang der Mitte rundherum mit einem Messer zickzackförmig bis zur Mitte hin einschneiden. Die beiden Hälften durch Drehen voneinander lösen, die Kerne entfernen.

2. Mit Hilfe eines Kugelausstechers aus dem Melonenfruchtfleisch einige Kugeln ausstechen. Diese in eine Schüssel geben und mit der Hälfte des Portweins begießen.

3. Das übrige Fruchtfleisch bis auf einen kleinen Rand an der Schale mit einem Löffel aus den Melonenhälften herausschaben. Den Zucker in einen Topf geben und so lange erhitzen, bis er karamelisiert. Dann mit dem restlichen Portwein ablöschen. Das herausgeschabte Melonenfruchtfleisch, das Ingwerpulver und das Salz hinzufügen und alles kurz erwärmen. Die Masse pürieren und kalt stellen.

4. Die Limetten heiß abwaschen und in dünne Scheiben schneiden. Die marinierten Melonenkugeln abtropfen lassen, den Portwein dabei auffangen. Die Melonenkugeln in die acht aus den Schalenhälften entstandenen Kronen füllen und den abgegossenen Portwein zur Portweinsauce geben.

5. Die Limettenscheiben am inneren Rand der Melonen entlanglegen. Die Portweinsauce über die Melonenkugeln gießen und alles mit der gewaschenen, in Streifen geschnittenen Minze garnieren.

Parmaschinken auf marinierten Feigen und Birnen

Marinierzeit: ca. 6 Stunden
Zubereitungszeit: ca. 25 Minuten

Sie benötigen für 4 Portionen:
6 Feigen
4 EL Wodka
120 ml Läuterzucker (siehe Seite 49)
100 ml Weißwein
4 Birnen
Saft von ½ Zitrone
2 EL Crème fraîche
einige Salatblätter zum Garnieren
(z.B. Kopfsalat, Radicchio)
12 dünne Scheiben Parmaschinken
4 Zweige Pfefferminze

So wird's gemacht:

1. Die Feigen schälen (siehe Seite 14) und mit einer Nadel mehrmals rundherum einstechen. Dann in ein flaches Gefäß legen. Den Wodka zusammen mit 100 ml Läuterzucker und dem Weißwein zum Kochen bringen, etwas abkühlen lassen und über die Feigen gießen. Die Feigen mit Klarsichtfolie abdecken und etwa 6 Stunden im Kühlschrank marinieren.

2. Die Birnen schälen, vierteln und die Kerngehäuse entfernen. Das Fruchtfleisch zunächst in Scheiben, dann in feine Streifen schneiden. Die Birnen in eine Schüssel geben und mit dem Zitronensaft beträufeln. Den restlichen Läuterzucker mit der Crème fraîche verrühren und unter die Birnen mischen.

3. Die Feigen aus der Marinade nehmen, abtropfen lassen und in Spalten zerteilen. Diese jeweils kreisförmig auf vier Tellern anrichten. In die Mitte der Teller je 2 bis 3 gewaschene und trockengetupfte Salatblätter legen und darauf den Birnensalat anrichten. Den Parmaschinken um die Feigen legen und den Salat mit Minze garnieren.

Carpaccio mit Avocado und Olivenvinaigrette

Gefrierzeit: 3–4 Stunden
Zubereitungszeit: ca. 20 Minuten

Sie benötigen für 4 Portionen:

400 g Rinderfilet

Für die Vinaigrette:

100 g schwarze Oliven
3 EL Aceto balsamico (Balsamessig)
Salz
grob gemahlenen schwarzen Pfeffer
9 EL kaltgepreßtes Olivenöl

Außerdem:

2 Avocados
Salz
Pfeffer
Saft von 1 Zitrone
3 EL geröstete Pinienkerne
1 kleinen Bund Kerbel oder
glatte Petersilie

So wird's gemacht:

1. Das Rinderfilet von Fett und Sehnen befreien, in Klarsichtfolie einrollen und diese an den Enden straff mit Küchengarn zubinden. Das Filet im Tiefkühlfach des Kühlschranks 3 bis 4 Stunden einfrieren, bis es fast durchgefrostet ist.

2. In der Zwischenzeit die Oliven entsteinen und das Fruchtfleisch in Streifen schneiden. Diese in eine Schüssel geben und den Aceto balsamico hinzufügen. Salz und Pfeffer dazugeben und das Olivenöl einrühren.

3. Die Avocados schälen, halbieren, die Steine herauslösen (siehe Seite 10) und das Fruchtfleisch in dünne Spalten schneiden. Diese mit Salz und Pfeffer würzen und mit dem Zitronensaft beträufeln.

4. Das Rinderfilet auf einer Schneidemaschine in sehr dünne Scheiben schneiden. (Sollte keine Maschine vorhanden sein, das Filet nicht frosten, sondern in kleine Würfel schneiden. Diese zwischen zwei Frischhaltetüten mit dem Fleischklopfer flach klopfen.)

5. Die Avocadospalten auf Tellern abwechselnd mit dem Fleisch kreisförmig anrichten.

6. Die Fleischscheiben mit der Vinaigrette beträufeln und die Pinienkerne darüberstreuen. Zum Schluß das Carpaccio mit den gewaschenen Kräuterblättchen garnieren.

Geflügelleberparfait mit Feigenconfit

Zubereitungszeit: ca. 1 1/4 Stunden

Sie benötigen für 8 Portionen:

Für das Parfait:

220 g Geflügelleber
220 g flüssige Butter
8 EL roten Portwein
8 EL Madeira
1 Ei
1 Eigelb
1 Prise Salz
frisch gemahlenen weißen Pfeffer
1 Prise geriebene Muskatnuß
Butter für die Form
Alufolie für die Form

Für das Feigenconfit:

10 Feigen
2 EL Zucker
4 EL roten Portwein
1/8 l Rotwein
1 Msp. gemahlenen Ingwer
Pfefferminze zum Garnieren

So wird's gemacht:

1. Die Leber waschen, von Haut und Sehnen befreien und mit Küchenkrepp trockentupfen.
2. Die Butter in einen Topf geben, zum Kochen bringen und so lange auf kleiner Flamme köcheln lassen, bis sie eine nußbraune Farbe hat.
3. In der Zwischenzeit die Spirituosen für das Parfait in einen Topf geben und auf etwa ein Drittel einreduzieren lassen. Den Ofen auf 160 bis 180°C vorheizen.
4. Die Leber in einen Mixer geben und zusammen mit dem Ei und dem Eigelb pürieren. Die lauwarme Butter durch ein Sieb passieren und in einem dünnen Strahl in die Lebermasse einlaufen lassen. Die Masse mit Salz, Pfeffer und Muskatnuß würzen.
5. Die Spirituosen hinzufügen und die Masse durch ein Sieb streichen.
6. Eine halbrunde Terrinenform (Füllmenge 550 ml) mit Butter ausstreichen und mit Alufolie auskleiden, so daß die Ränder der Folie oben überstehen. Die Alufolie ebenfalls mit Butter einfetten.
7. Die Parfaitmasse in die Form füllen. Die Folienränder über der Lebermasse zusammenklappen. Die Parfaitform in eine feuerfeste Form stellen. Diese mit 80°C warmem Wasser bis zwei Finger breit unter den Rand füllen.
8. Das Parfait im Ofen 25 bis 30 Minuten garen. Anschließend auskühlen lassen.
9. Für das Feigenconfit die Feigen schälen (siehe Seite 14) und in Scheiben schneiden. Diese in einen Topf geben und zusammen mit Zucker, Portwein und Rotwein zum Kochen bringen.
10. Die Früchte bei schwacher Hitze einkochen, bis die Masse leicht dickflüssig wird. Dann mit dem Ingwerpulver würzen, durch ein Sieb streichen und erkalten lassen.
11. Das Parfait aus der Form stürzen, die Alufolie abziehen und das Parfait in Scheiben schneiden. Mit dem Feigenconfit anrichten. Mit der Pfefferminze garnieren.

Roastbeef mit Senffrüchten

Zeit zum Durchziehen: 2 Tage
Ruhezeit: 2–3 Stunden
Zubereitungszeit: ca. 2 Stunden

Sie benötigen für 8 Portionen:

Für 1 kg Senffrüchte:
425 g Zucker
1 feste Mango
1 Papaya
1 Ananas
1 Karambole
2 Nashis
2 Limetten
8 cl Weinessig
2–3 EL Senfpulver

Für das Roastbeef:
1,5 kg küchenfertiges Roastbeef
Salz
Pfeffer
80 ml Pflanzenöl

Außerdem:
Salatblätter der Saison
zum Garnieren

So wird's gemacht:

1. Bereiten Sie die Senffrüchte schon 2 Tage vor dem Servieren zu. Dafür 280 g Zucker mit 1/8 l Wasser in einen Topf geben und zum Kochen bringen. Dann bei schwacher Hitze 10 bis 15 Minuten leise köcheln lassen.

2. Die Mango schälen, halbieren, den Stein herauslösen (siehe Seite 30) und das Fruchtfleisch in 1 cm dicke Spalten schneiden. Die Papaya schälen, halbieren, entkernen (siehe Seite 36) und das Fruchtfleisch ebenfalls in 1 cm dicke Spalten schneiden. Die Ananas schälen, vierteln, den Strunk herausschneiden (siehe Seite 6) und das Fruchtfleisch in Würfel schneiden. Die Karambole in Scheiben schneiden. Die Nashis waschen, halbieren, die Kerngehäuse herausschneiden und das Fruchtfleisch in Spalten schneiden. Die Limetten waschen und in 3 mm dicke Scheiben schneiden.

3. Die Früchte in der Reihenfolge ihrer Gardauer (erst Limetten, dann Ananas, dann Mango und Papaya und zuletzt Karambole und Nashis) in das Zuckerwasser geben und darin weich kochen. Dann den Topf vom Feuer ziehen.

4. Die restlichen 145 g Zucker zusammen mit dem Essig erhitzen und sirupartig einkochen lassen. Das Senfpulver hineinrühren und den Sirup unter die Früchte mischen.

5. Die Senffrüchte heiß in sterile Gläser mit Twist-off-Verschluß abfüllen, diese verschließen und die Senffrüchte 2 Tage durchziehen lassen. Die Senffrüchte sind ungeöffnet 5 bis 6 Monate haltbar.

6. Am Tag des Servierens den Backofen auf 220°C vorheizen. Das Roastbeef mit Salz und Pfeffer kräftig würzen. Das Öl in einem Bräter erhitzen und das Fleisch auf der Fettseite darin anbraten.

7. Danach das Fleisch wenden und im vorgeheizten Backofen zunächst 10 Minuten bei 220°C braten, dann noch etwa 35 Minuten bei 160°C weitergaren. Das Fleisch zwischendurch immer wieder mit dem Bratfett begießen. Ob das Fleisch gar ist, läßt sich mit Hilfe eines Bratenthermometers feststellen. Die Kerntemperatur für rosa gebratenes Fleisch liegt zwischen 60 und 65°C.

8. Das Fleisch nach Ende der Garzeit in Alufolie einschlagen und darin 2 bis 3 Stunden auskühlen lassen.

9. Das Roastbeef in dünne Scheiben schneiden, diese fächerartig auf die Teller legen und mit den gewaschenen Salatblättern sowie mit je 3 Eßlöffeln Senffrüchten anrichten.

Frühlingsrollen mit Papaya

Zubereitungszeit: ca. 3/4 Stunden

Sie benötigen für 4 Portionen:

Für die Frühlingsrollen:
150 g Karotten
60 g Stangensellerie
100 g Lauchzwiebeln
150 g Papaya
200 g Sojabohnenkeimlinge
1/2 Knoblauchzehe
3 EL Erdnußöl
Salz
weißen Pfeffer
10 EL Sojasauce
1 TL Speisestärke
1 EL feingeschnittene Zitronenmelisse
8 TK-Frühlingsrollenblätter
1 EL Mehl

Außerdem:
Fett zum Fritieren

So wird's gemacht:

1. Die Karotten und den Sellerie putzen, schälen und in feine Streifen schneiden. Die Lauchzwiebeln waschen und in dünne Ringe schneiden. Die Papaya schälen, entkernen und in Stifte schneiden (siehe Seite 36). Die Sojabohnenkeimlinge waschen und trockentupfen. Den Knoblauch hacken.

2. Das Öl in einer Pfanne erhitzen und den Knoblauch dazugeben. Das vorbereitete Gemüse und die Papayastifte hinzufügen und alles mit Salz und Pfeffer würzen.

3. Das Gemüse nach kurzem Anbraten mit 3 Eßlöffeln Sojasauce ablöschen und anschließend bißfest garen.

4. Die Speisestärke in etwas kaltem Wasser anrühren und die Sauce damit binden. Das Gemüse auf einen Teller geben und abkühlen lassen. Danach die Zitronenmelisse daruntermengen.

5. Das Mehl in einer Tasse mit 1 Eßlöffel kaltem Wasser anrühren. Dann mit 2 bis 3 Eßlöffeln heißem Wasser verrühren.

6. Die Teigblätter auf ein feuchtes Tuch legen und mit der Gemüse-Papaya-Mischung bestreichen. Die Ränder mit dem Mehlbrei einpinseln und die Teigblätter zusammenrollen. Dafür die Seitenränder zur Mitte hin einschlagen und dann alles zusammenrollen. Die Rolle leicht drücken, damit die Nähte fest schließen.

7. Das Fett auf 180°C erhitzen und die Frühlingsrollen darin goldbraun fritieren. Auf Küchenpapier abtropfen lassen und zusammen mit der restlichen Sojasauce (7 Eßlöffel) servieren.

Lauwarmes Lachsforellenfilet mit Rambutanvinaigrette

Zubereitungszeit: ca. 3/4 Stunden

Sie benötigen für 4 Portionen:

Für die Vinaigrette:

16 Rambutans
4 EL Apfel- oder Obstessig
Salz
weißen Pfeffer
6 EL Traubenkernöl
1 EL Schnittlauchröllchen
einige Tropfen Zitronensaft

Für den Salat:

2 Stauden gelben Chicorée
2 Stauden roten Chicorée
oder Radicchio

Für den Fisch:

4 Lachsforellenfilets à 100 g
2 Schalotten
1 TL Butter
Salz, weißen Pfeffer
1/8 l Weißwein
1/8 l Fischfond (siehe Seite 49)

So wird's gemacht:

1. Die Rambutans schälen, halbieren und entkernen (siehe Seite 43). Dann zur Seite stellen.
2. Den Essig mit Salz und Pfeffer mischen und das Öl darunterrühren. Die Schnittlauchröllchen dazugeben und die Vinaigrette mit einigen Tropfen Zitronensaft abschmecken.
3. Den Salat putzen, waschen, verlesen und trockenschleudern.
4. Die Quergräten der Forellenfilets mit Hilfe einer Pinzette oder einer kleinen Zange entfernen. Eventuell vorhandene Haut abziehen.
5. Die Schalotten schälen und fein würfeln. Eine tiefe Form mit der Butter einfetten und die Schalotten hineingeben. Die Forellenfilets mit Salz und Pfeffer würzen und auf die Schalotten setzen.
6. Den Weißwein zusammen mit dem Fischfond in einem Topf erhitzen, über die Filets gießen und diese darin 6 bis 8 Minuten ziehen lassen.
7. Den Salat kreisförmig auf vier Tellern anrichten. Noch 2 bis 3 Eßlöffel des Fischfonds in die Vinaigrette rühren und die Hälfte der Vinaigrette über den Salat träufeln. Die andere Hälfte über die Rambutans geben.
8. Die Forellenfilets aus dem Sud nehmen, abtropfen lassen und auf dem Salat anrichten. Mit der Rambutanvinaigrette übergießen. Die Vorspeise anschließend lauwarm servieren.

Avocado-Buttermilch-Suppe mit Lachstalern

Zubereitungszeit: ca. 1/2 Stunde

Sie benötigen für 4 Portionen:

Für die Suppe:

2 Avocados à 200 g
Saft von 1 Zitrone
150 ml Geflügelfond (siehe Seite 48)
oder Geflügelfond aus dem Glas
300 ml Buttermilch
1 Prise Salz
einige Tropfen Tabasco
gehackte frische Kräuter
(z.B. Kerbel, Dill, Estragon)

Für die Lachstaler:

250 g Lachsfilet ohne Haut
2 Cornichons (kleine Gewürzgurken)
1 TL Kapern
1 Schalotte
Salz
weißen Pfeffer
1 Spritzer Zitrone
1 kleines Eigelb
1 EL Butter

So wird's gemacht:

1. Die Avocados halbieren, die Steine herauslösen (siehe Seite 10) und das Fruchtfleisch mit Hilfe eines Eßlöffels aus der Schale heben. Das Fruchtfleisch mit dem Zitronensaft beträufeln und in Stücke schneiden.
2. Den Geflügelfond zusammen mit den Avocadostücken in einen Mixer geben. Das Ganze pürieren, anschließend in eine Schüssel geben und die Buttermilch mit einem Schneebesen hineinrühren. Die Suppe mit Salz und Tabasco würzen und kalt stellen.
3. In der Zwischenzeit den Lachs in kleine Würfel schneiden und mit einem großen, schweren Küchenmesser fein hacken. Den Fisch in eine Schüssel geben.
4. Die Cornichons in feine Würfel schneiden. Die Kapern fein hacken. Die Schalotte schälen und fein würfeln. Alles zum Lachs geben und mit Salz, Pfeffer und Zitronensaft würzen. Zum Schluß das Eigelb daruntermengen und aus der Masse vier gleichgroße Taler formen.
5. Die Butter in einer Pfanne aufschäumen lassen und die Lachstaler darin von beiden Seiten kurz anbraten. Die Avocadosuppe in vier Teller verteilen. In jeden Teller einen Lachstaler legen und die Suppe mit den gewaschenen und kleingeschnittenen Kräutern garnieren.

Melonencremesuppe

Zubereitungszeit: ca. 50 Minuten

Sie benötigen für 4 Portionen:

350 g mehlig kochende Kartoffeln
1 Honigmelone (ca. 400 g) oder Kantalupmelone
½ l Milch
1½ EL Butter
Salz
weißen Pfeffer
3 Eigelb
4 EL saure Sahne
4 Pfefferminzeblätter

So wird's gemacht:

1. Die Kartoffeln schälen, waschen, in Würfel schneiden und in reichlich Salzwasser weich kochen. Danach abschütten und ausdampfen lassen.
2. In der Zwischenzeit die Melone halbieren und die Kerne entfernen. Das Fruchtfleisch mit einem Löffel herausschaben.
3. Die lauwarmen Kartoffeln zusammen mit dem Melonenfruchtfleisch und 160 ml Milch in einen Mixer geben und pürieren.
4. Die Butter in einen Topf geben, auschäumen lassen und das Püree, sowie die restliche Milch hinzufügen. Die Suppe bei schwacher Hitze etwa 5 Minuten köcheln lassen. Dann mit Salz und Pfeffer abschmecken.
5. Die Eigelbe verquirlen und unter Rühren in die nicht mehr kochende Suppe geben. Diese noch einmal erhitzen, aber nicht mehr kochen lassen. Die Suppe in tiefen Tellern servieren und je einen Eßlöffel saure Sahne in die Mitte geben. Diese dann mit den Minzeblättern garnieren.

Zitronensuppe

Zubereitungszeit: ca. ½ Stunde

Sie benötigen für 4 Portionen:
1,5 l Geflügelfond (siehe Seite 48)
oder Geflügelfond aus dem Glas
80 g Langkornreis
2 unbehandelte Zitronen
3 Eigelb
Salz
einige Tropfen Tabasco
2 Zweige Pfefferminze oder
Zitronenmelisse

So wird's gemacht:
1. Den Geflügelfond in einem Topf zum Kochen bringen. Den Reis waschen, dazugeben und bei mäßiger Hitze 15 bis 18 Minuten bißfest garen.
2. In der Zwischenzeit die Schale von ½ Zitrone abreiben und in die Suppe geben. Die Zitrone fertig schälen und die Filets herausschneiden (siehe Seite 47). Die zweite Zitrone auspressen.
3. Wenn der Reis gar ist, den Zitronensaft mit den Eigelben in einem Schälchen verquirlen, 5 bis 6 Eßlöffel der Reissuppe unterrühren. Die Eigelbe unter ständigem Rühren in die Suppe geben, diese noch einmal erhitzen, jedoch nicht mehr kochen lassen.
4. Den Topf vom Feuer nehmen, die Suppe mit Salz und Tabasco würzen und die Zitronenfilets hinzufügen.
5. Die Minze oder Melisse waschen, in Streifen schneiden und zur Suppe geben. Diese heiß servieren.

Orangen-Karotten-Suppe

Zubereitungszeit: ca. ¾ Stunden

Sie benötigen für 4 Portionen:

400 g Karotten
2 mittelgroße Zwiebeln
2 EL Butter
1 Prise Salz, weißen Pfeffer
1 l Geflügelfond (siehe Seite 48) oder Geflügelfond aus dem Glas
1 unbehandelte Orange
2 EL Zucker
2 Orangen
6 EL Sahne

So wird's gemacht:

1. Die Karotten waschen, schälen und in Scheiben schneiden. Die Zwiebeln schälen und würfeln.

2. Die Butter in einem Topf erhitzen, die Zwiebeln darin glasig dünsten und die Karotten dazugeben. Alles mit Salz und Pfeffer würzen und bei geschlossenem Deckel etwa 5 Minuten dünsten. Dann den Geflügelfond hinzufügen und die Suppe weitere 10 Minuten köcheln lassen.

3. In der Zwischenzeit die Schale der unbehandelten Orange mit einem Zestenreißer dünn abziehen (die Orange beiseite legen) und in ¼ l Wasser mit 2 Eßlöffeln Zucker weich kochen. Danach mit Wasser abbrausen, trockentupfen und beiseite legen.

4. Alle Orangen auspressen, den Saft zusammen mit der Suppe in einen Mixer geben und fein pürieren. Die Suppe durch ein Sieb passieren und noch einmal erhitzen, jedoch nicht mehr kochen lassen. Die Suppe mit Salz und Pfeffer abschmecken.

5. Die Sahne unter die Suppe rühren, diese mit den Orangenschalen bestreuen und heiß servieren.

Variation

Geben Sie geschälte Krabben oder Garnelen als Einlage in die Suppe.

Heiße Apfelsuppe

Zubereitungszeit: ca. 5 Minuten

Sie benötigen für 4 Portionen:

60g Rundkornreis
Salz
250 g säuerliche Äpfel
1 l Rinder- oder Geflügelfond (siehe Seite 48) oder Geflügelfond aus dem Glas
1 Msp. Ingwerpulver
weißen Pfeffer
2 EL Apfelschnaps (Calvados)

So wird's gemacht:

1. Den Reis waschen und in reichlich Salzwasser bei mäßiger Hitze in 15 bis 20 Minuten bißfest garen. Abgießen und mit kaltem Wasser abschrecken.

2. In der Zwischenzeit die Äpfel schälen, vierteln und die Kerngehäuse herausschneiden. Das Fruchtfleisch in Scheiben schneiden. Die Äpfel in einen Topf geben und den Rinder- oder Geflügelfond hinzufügen. Alles zusammen langsam zum Kochen bringen und etwa 15 Minuten bei kleiner Hitze leise köcheln lassen, bis die Äpfel zerfallen sind.

3. Die Masse durch ein Sieb streichen und mit Ingwerpulver und Pfeffer abschmecken.

4. Die Suppe erneut erhitzen, den Apfelschnaps dazugeben und alles noch einige Minuten leicht köcheln lassen. Zum Schluß den Reis in die Suppe geben.

Gerichte mit Fleisch und Geflügel

Die Kombination von Fleisch, insbesondere Wild, mit Früchten ist uns aus den regionalen Küchen Deutschlands bestens bekannt. In diesem Kapitel finden Sie eine Vielzahl phantasievoller Kreationen zum Nachkochen.

Kalbsblankett in Zitronen-Mangostanen-Sauce

Zubereitungszeit: ca. 1 1/2 Stunden

Sie benötigen für 4 Portionen:
1 kg Kalbfleisch aus der Schulter (Brust oder Hals)
1 l Kalbsfond aus dem Glas
1 Bund Suppengemüse aus Karotten, Lauch und Sellerie
1/2 mit 2 Nelken gespickte Zwiebel
1 Lorbeerblatt
1 Prise Salz
2 EL Butter
3 EL Mehl
100 ml Weißwein
Saft von 1/2 Zitrone
1 Zitrone
5 Mangostane
150 g Sahne
1 Eigelb
1 EL gehackte Petersilie

So wird's gemacht:

1. Das Fleisch in etwa 3 cm große Würfel schneiden und diese kurz in heißem Wasser blanchieren. Dann den Fond, ersatzweise die gleiche Menge Wasser, in einen Topf geben. Die Fleischstücke in die kalte Flüssigkeit geben und aufkochen lassen. Den entstehenden Schaum abschöpfen.

2. Das Suppengemüse waschen, schälen bzw. putzen und zusammen mit der gespickten Zwiebel und dem Lorbeerblatt in die Brühe geben. Das Salz hinzufügen und das Fleisch bei offenem Deckel 40 bis 55 Minuten schwach köcheln lassen, bis es gar ist.

3. Anschließend die Fleischwürfel aus der Brühe nehmen und diese durch ein Sieb passieren.

4. Die Butter in einem Topf schmelzen lassen, das Mehl darin kurz anschwitzen. Mit dem Weißwein unter ständigem Rühren ablöschen, die Fleischbrühe nach und nach angießen und alles glattrühren. Mit dem Zitronensaft abschmecken. Die Sauce 10 bis 15 Minuten köcheln lassen.

5. In der Zwischenzeit die Zitrone schälen. Die Filets herausschneiden (siehe Seite 47) und beiseite stellen. Die Schalen der Mangostane aufschneiden und das Fruchtfleisch in die Segmente zerteilen (siehe Seite 31). Die Früchte beiseite stellen.

6. Die Sahne mit dem Eigelb verrühren, in die nicht mehr kochende Sauce geben und diese noch einmal erhitzen, jedoch nicht mehr kochen lassen. Das Fleisch und die Früche in der Sauce erwärmen. Das Gericht mit der Petersilie bestreuen.
Als Beilage empfehlen sich Nudeln oder Kartoffeln.

Kalbsbriespiccata auf Pilzragout mit Nektarinen

Zubereitungszeit: ca. 1 Stunde

Sie benötigen für 4 Portionen:

Für die Piccata:
800 g Kalbsbries
1/2 mit 2 Nelken gespickte Zwiebel
1 Lorbeerblatt
1/8 l Weißwein
1 Prise Salz
2 EL Mehl
2 Eier
2 EL geriebenen Parmesan
1 EL Butter

Für das Pilzragout:
500 g gemischte Pilze
1 Schalotte
1 EL Butter
Salz
Pfeffer
1/8 l Weißwein
125 g Sahne
2 Nektarinen

So wird's gemacht:

1. Das Kalbsbries putzen und unter fließendem Wasser abspülen, bis alle Blutreste ausgeschwemmt sind.

2. Anschließend das Bries mit der gespickten Zwiebel, dem Lorbeerblatt und dem Weißwein in einen Topf geben und mit so viel Wasser auffüllen, bis das Bries reichlich bedeckt ist. Die Flüssigkeit bei mittlerer Hitze zum Kochen bringen. Den dabei entstehenden Schaum abschöpfen, das Salz in den Topf gegen und das Bries bei kleiner Hitze etwa 15 Minuten ziehen lassen. Anschließend den Topf vom Herd nehmen und das Kalbsbries in der Brühe abkühlen lassen.

3. In der Zwischenzeit die Pilze putzen und waschen. Die Schalotte schälen und fein schneiden.

4. Die Butter in einer Pfanne schmelzen lassen, die Schalotten darin glasig dünsten, die Pilze kurz mitdünsten und mit Salz und Pfeffer würzen.

5. Dann alles mit Weißwein ablöschen und ihn etwas einkochen lassen. Die Sahne dazugeben und das Pilzragout cremig einkochen lassen.

6. Die Nektarinen waschen, halbieren und die Steine entfernen. Die Hälften in feine Spalten schneiden und in das Pilzragout geben.

7. Das Kalbsbries aus dem Fond nehmen, trockentupfen, in 1 bis 1,5 cm breite Scheiben schneiden. Diese mit Salz und Pfeffer würzen und in dem Mehl wenden. Die Eier verquirlen und den Parmesan darunterrühren.

8. Die Butter in einer großen Pfanne erhitzen. Die bemehlten Briesscheiben durch die Eimasse ziehen und bei mäßiger Hitze in der Butter auf beiden Seiten braten, bis sie eine goldbraune Farbe haben.

9. Die Briesscheiben auf dem Pilzragout anrichten.
Dazu passen gekochter Reis und Kartoffeln.

Filetspitzen mit Papaya und Ingwer

Zubereitungszeit: ca. 3/4 Stunden

Sie benötigen für 4 Portionen:
600 g Rinderfiletspitzen
120 g gekochten Schinken
2 Schalotten
1 Knoblauchzehe
20 g frischen Ingwer
1 Papaya
2 EL Butter
Salz
frisch gemahlenen weißen Pfeffer
1 Prise Paprikapulver edelsüß
1 EL feingeschnittene Petersilie
200 ml Kalbsjus (siehe Seite 48) oder
Kalbsfond aus dem Glas
200 g Sahne

So wird's gemacht:

1. Die Filetspitzen in dünne Scheiben von 3 bis 5 mm Stärke schneiden. Den gekochten Schinken in feine Streifen schneiden.

2. Die Schalotten und den Knoblauch schälen und beides fein würfeln. Den Ingwer schälen und in feine Streifen schneiden. Die Papaya schälen, entkernen, in dünne Scheiben schneiden (Seite 36).

3. Die Butter in einer Pfanne erhitzen. Die Filetspitzen kurz von allen Seiten im Fett anbraten, salzen und pfeffern. Dann herausnehmen und zugedeckt warm stellen.

4. Im verbliebenen Bratensatz die Schalotten und den Knoblauch glasig dünsten. Dann die Ingwerstreifen kurz mitdünsten.

5. Den Schinken und die Papaya ebenfalls kurz mitdünsten und alles mit Paprikapulver und Petersilie bestreuen.

6. Das Ganze mit der Kalbsjus ablöschen und den Bratensatz damit lösen. Dann die Sahne dazugeben und die Sauce unter Rühren sämig einkochen lassen.

7. Die Filetspitzen hinzufügen. Die Sauce nicht mehr kochen lassen und mit den Gewürzen nochmals abschmecken.

Das Gericht mit breiten Bandnudeln, Kartoffeln oder Reis servieren.

Variation

Statt Rinderfilet können Sie auch Enten- oder Putenbrust nehmen. Löschen Sie dann den Bratensatz und das Gemüse zuerst mit 3 Eßlöffeln Sojasauce ab, bevor Sie den Fond oder die Jus angießen (Schritt 6).

Gedämpftes Rinderfilet auf Kokosnuß-Curry-Sauce

Zubereitungszeit: ca. 1 Stunde

Sie benötigen für 4 Portionen:

2 grüne Paprikaschoten
½ l Rinderfond aus dem Glas
4 Stücke Rinderfilet à 180 g
1 EL Butter
2 TL Currypulver
100 ml Kokosnußmilch (aus der Dose)
etwas Zitronensaft
Salz
1 Prise weißen Pfeffer
½ TL Speisestärke
1 TL feingeschnittene Pfefferminze

So wird's gemacht:

1. Den Backofen auf 200°C vorheizen. Die Paprikaschoten halbieren, putzen und mit den Schnittflächen nach unten auf ein Backblech legen. Im Ofen so lange backen, bis die Haut Blasen wirft. Dann herausnehmen und die Haut abziehen. Das Fruchtfleisch in kleine Würfel schneiden.

2. Den Rinderfond in einen Topf mit Siebeinsatz geben und zum Kochen bringen. Die Filets in den Siebeinsatz legen und bei leise köchelnder Flüssigkeit 10 bis 15 Minuten zugedeckt dämpfen.

3. Anschließend die Filets zwischen zwei vorgewärmten Suppentellern warm halten.

4. Für die Sauce die Butter in einem Topf schmelzen lassen, die Paprikawürfel darin kurz anschwitzen. Dann das Currypulver einstreuen und mit anschwitzen. Danach die Kokosmilch angießen.

5. Den Rinderfond aus dem Dämpftopf hinzufügen und die Sauce auf die Hälfte einkochen lassen. Anschließend mit etwas Zitronensaft verfeinern und mit Salz und Pfeffer abschmecken.

6. Zum Schluß die Sauce mit der in wenig kaltem Wasser angerührten Speisestärke sämig binden und die Pfefferminze hinzufügen. Das Filet mit der Sauce servieren.

Als Beilage eignen sich Reis oder kleine, in Butter gebratene neue Kartoffeln.

Hüftsteak vom Grill mit scharfem Mangochutney

Marinierzeit: 1 Tag
Zubereitungszeit: ca. 1 1/2 Stunden

Sie benötigen für 4 Portionen:

- 4 Rinderhüftsteaks à 160–180 g
- 1 Knoblauchzehe
- 1 Chilischote
- 1 Zweig Rosmarin
- 8–10 schwarze Pfefferkörner
- abgeriebene Schale von 1/2 unbehandelten Zitrone
- 1/4 l Öl
- Salz

Für das Chutney:

- 65 g frischen Ingwer
- 125 g rote Johannisbeeren
- 500 g Zucker
- 100 ml Weinessig
- 3/4 TL Cayennepfeffer
- 1/2 TL Salz
- 250 g grüne Mangos (unreife Früchte)

So wird's gemacht:

1. 1 Tag vor dem Servieren die Steaks in ein tiefes Blech oder in eine Schale legen.

2. Den Knoblauch schälen und fein hacken. Die Chilischote halbieren, entkernen und die Scheidewände herausschneiden. Die Schote in kleine Würfel schneiden. Den Rosmarin waschen und von den Stielen zupfen. Die Pfefferkörner im Mörser zerdrücken. Die vorbereiteten Zutaten zusammen mit der Zitronenschale und dem Öl vermengen. Die Marinade über die Steaks geben, diese mit Klarsichtfolie abdecken und im Kühlschrank 1 Tag marinieren.

3. Ebenfalls am Vortag für das Chutney den Ingwer schälen und die Hälfte davon fein reiben. Den restlichen Ingwer in feine Scheiben schneiden. Die Johannisbeeren im Mörser zerdrücken.

4. Alle Zutaten für das Chutney, bis auf die Mangos, in einem Topf bei schwacher Hitze etwa 15 Minuten kochen.

5. In der Zwischenzeit die Mangos schälen, das Fruchtfleisch vom Stein abschneiden und in Scheiben schneiden (siehe Seite 30).

6. Die Mangoscheiben zu der vorbereiteten Chutneymasse in den Topf geben und alles noch etwa 1/2 Stunde bei kleiner Hitze köcheln lassen, bis die Mangos weich und die Masse recht dickflüssig geworden ist.

7. Das Chutney heiß in sterile Gläser mit Twist-off-Deckel abfüllen und diese verschließen. Ungeöffnet ist es etwa 6 Monate haltbar.

8. Am Tag des Servierens die Steaks aus der Marinade nehmen und das Öl abstreifen. Das Fleisch mit Salz würzen und auf dem Holzkohle- oder Tischgrill von beiden Seiten einige Minuten garen. (Falls Sie keinen Grill haben, können Sie die Steaks auch in der Pfanne braten.)

9. Die Steaks zusammen mit dem Mangochutney servieren.
Dazu paßt ein Blattsalat der Saison.

Tip

Zu den Steaks paßt auch ein Quittenchutney mit rosa Grapefruits (siehe rechts).

Quittenchutney mit rosa Grapefruits

Zubereitungszeit: ca. 2 Stunden

Sie benötigen für 1,2 kg Chutney:

600 g Birnenquitten
350 g Schalotten
2 Knoblauchzehen
3 rosa Grapefruits
40 g frischen Ingwer
1 TL Salz
1 Prise Pfeffer
1 Msp. gemahlenen Piment
1 Msp. gemahlenen Koriander
1 Msp. gemahlenen Zimt
1/4 TL Kreuzkümmel
350 g Rohrzucker
1/8 l Weinessig

So wird's gemacht:

1. Die Quitten schälen, vierteln, die Kerngehäuse herausschneiden und das Fruchtfleisch in gleich große Würfel schneiden (siehe Seite 42). Die Schalotten schälen und achteln. Den Knoblauch schälen und fein hacken.

2. Die Quitten zusammen mit Schalotten und Knoblauch in einen Topf geben.

3. Eine Grapefruit auspressen, die beiden anderen sorgfältig schälen und die Filets herausschneiden (siehe Seite 17). Die Filets würfeln und zusammen mit dem Grapefruitsaft in den Topf geben.

4. Den Ingwer schälen und in feine Scheiben schneiden. Zusammen mit den Gewürzen, dem Zukker und dem Essig zu den Quitten geben und alles mischen. Die Masse bei kleiner Hitze zum Kochen bringen und unter öfteren Rühren etwa 2 Stunden köcheln lassen. Wenn nötig, das Chutney abschäumen.

5. Das Chutney heiß in sterile Gläser mit Twist-off-Verschluß füllen und diese verschließen. Ungeöffnet ist das Chutney etwa 6 Monate haltbar.

Zungenragout mit Ananas

Zeit zum Wässern: 12 Stunden oder über Nacht
Zubereitungszeit: ca. 3¾ Stunden

Sie benötigen für 4 Portionen:

Für das Fleisch:
1 kg gepökelte Rinderzunge
½ mit 2 Nelken gespickte Zwiebel
80 g Karotten
80 g Sellerie
80 g Lauch
400 ml Rinderfond aus dem Glas

Für die Sauce:
3 Schalotten
2 EL Butter
1 TL Currypulver
1 EL Mehl
100 g Sahne
2 Babyananas
1 Prise Salz
frisch gemahlenen weißen Pfeffer

So wird's gemacht:

1. Die Zunge 12 Stunden oder über Nacht in Wasser legen. Am nächsten Tag in einem flachen Topf zusammen mit kaltem Wasser aufsetzen (die Zunge muß bedeckt sein) und zum Kochen bringen. Die gespickte Zwiebel dazugeben und alles etwa 2½ Stunden leise köcheln lassen. Nach 1½ Stunden das gewaschene und geputzte Gemüse hinzufügen.

2. Nach insgesamt 2½ Stunden Garzeit die Zunge abschrecken und die Haut abziehen. Den hinteren, dicken Teil der Zunge abschneiden und die Zunge in mundgerechte Würfel schneiden.

3. Den Rinderfond in einem Topf zum Kochen bringen und die Zungenwürfel darin etwa 20 Minuten bei mittlerer Hitze ziehen lassen.

4. In der Zwischenzeit für die Sauce die Schalotten schälen und fein würfeln. 1 Eßlöffel Butter in einem Topf schmelzen lassen und die Schalotten darin glasig dünsten. Das Currypulver und das Mehl darübergeben und kurz mitdünsten.

5. Die Zungenwürfel in ein Sieb schütten, den Fond dabei auffangen. Die Mehlschwitze mit dem Zungenfond unter Rühren ablöschen. Die Sauce 6 bis 8 Minuten leise köcheln lassen. Dann die Sahne dazugeben und alles kurz einköcheln lassen. Den restlichen Eßlöffel kalte Butter in Flöckchen mit dem Schneebesen in die nicht mehr kochende Sauce einrühren.

6. Die Babyananas schälen, vierteln, vom Strunk befreien und in kleine Würfel schneiden (siehe Seite 6). Die Ananas zusammen mit den Zungenwürfeln in der Sauce erhitzen, diese jedoch nicht mehr kochen lassen. Mit Salz und Pfeffer abschmecken.
Das Ragout zusammen mit Reis oder Nudeln servieren.

Tip

Wenn Sie eine feine Vorspeise oder einen Snack servieren möchten, füllen Sie das Ragout in kleine Blätterteigpasteten (gibt es in Lebensmittelgeschäften und auch beim Bäcker).

Schweinesteak mit Haselnußkruste und Tamarillosauce

Zubereitungszeit: ca. ¾ Stunden

Sie benötigen für 4 Portionen:

Für die Sauce:

4 Tamarillos
2 Schalotten
1 EL Butter
Salz, weißen Pfeffer
4 EL Portwein
250 ml Kalbsjus (siehe Seite 48)
oder Kalbsfond aus dem Glas
evtl. 1 TL Speisestärke

Für das Fleisch:

100 g gemahlene Haselnüsse
120 g Semmelbrösel
4 Schweinerückensteaks à 130 g
Salz
weißen Pfeffer
4 EL Mehl
1 Ei
6 EL Pflanzenöl
1 EL Butter
etwas Zitronensaft

So wird's gemacht:

1. Die Tamarillos schälen (siehe Seite 44). Danach eine Tamarillo in 4 Scheiben schneiden und die restlichen Früchte würfeln. Die Schalotten schälen und fein würfeln.

2. Die Butter in einem Topf schmelzen lassen und die Schalotten darin glasig dünsten. Die Tamarillowürfel mitdünsten. Alles mit Salz und Pfeffer würzen und mit dem Portwein sowie der Kalbsjus ablöschen. Die Sauce etwa 5 Minuten leicht köcheln lassen.

3. In der Zwischenzeit die Haselnüsse zusammen mit den Semmelbröseln in einer Schüssel mischen.

4. Die Steaks mit Salz und Pfeffer würzen und in dem Mehl wenden. Das Ei verquirlen, die Steaks hindurchziehen und mit der Haselnuß-Semmelbrösel-Mischung panieren. Die Panierung leicht andrücken.

5. Wenn die Tamarillos eingeköchelt sind, die Sauce mit einem Pürierstab pürieren und durch ein Sieb streichen. Die Sauce erneut erhitzen, mit Salz und Pfeffer abschmecken und, wenn nötig, mit der in wenig kaltem Wasser angerührten Speisestärke binden.

6. Das Öl in einer großen Pfanne erhitzen und die Steaks darin anbraten. Dann das Fleisch bei mäßiger Hitze auf beiden Seiten 3 bis 4 Minuten braten, bis die Panade knusprig ist. Danach die Butter dazugeben, aufschäumen lassen und das Fleisch darin nachbraten.

7. Die beiseite gelegten Tamarilloscheiben in die Pfanne geben und kurz mitbraten. Das Bratfett mit etwas Zitronensaft ablöschen und die Steaks mit der Butter übergießen.

8. Zum Schluß das Fleisch aus der Pfanne nehmen, auf Küchenpapier abtropfen lassen und zusammen mit der Sauce und den Tamarilloscheiben anrichten.
Dazu passen Reis oder auch Salzkartoffeln.

Gebratenes Kasseler Kotelett auf Pflaumensauce

Zubereitungszeit: ca. 3/4 Stunden

Sie benötigen für 4 Portionen:

4 Kasseler Koteletts à 200 g
weißen Pfeffer
4 EL Öl

Für die Sauce:

150 g Pflaumen
1 EL Butter
Salz
weißen Pfeffer
1/8 l Kalbsjus (siehe Seite 48) oder Kalbsfond aus dem Glas
1 Msp. Ingwerpulver
1/4 Zimtstange
1 Nelke
1 Spritzer Aceto balsamico (Balsamessig)
1 EL kalte Butter, gewürfelt

So wird's gemacht:

1. Den Backofen auf 180°C vorheizen.
2. Die Koteletts mit Pfeffer würzen. Das Öl in einer Pfanne erhitzen und das Fleisch darin anbraten. Die Pfanne in den Backofen stellen und die Koteletts darin auf beiden Seiten 5 bis 6 Minuten braten.
3. In der Zwischenzeit die Pflaumen waschen, halbieren und entsteinen (siehe Seite 39).
4. Wenn das Fleisch gar ist, die Koteletts aus der Pfanne nehmen und zugedeckt warm halten.
5. Das Bratfett abgießen und die Butter in die Pfanne geben.
6. Die Pflaumenhälften dazugeben und mit Salz und Pfeffer würzen. Die Früchte kurz Saft ziehen lassen und dann die Kalbsjus oder den -fond aufgießen.
7. Ingwer, Zimt und Nelke dazugeben und die Sauce in der Pfanne köcheln lassen, bis die Pflaumen zerfallen und die Sauce leicht dickflüssig ist.
8. Zum Schluß die Sauce mit dem Aceto balsamico und den Gewürzen abschmecken. Die Zimtstange und die Nelke entfernen und die kalten Butterwürfel in die nicht mehr kochende Sauce rühren.
9. Die Koteletts auf der Pflaumensauce servieren.
Als Beilage eignen sich Kartoffelpüree oder Röstkartoffeln.

Geschmorte Lammhaxe in Cranberry-Rotwein-Sauce

Marinierzeit: 1 Tag
Zubereitungszeit: ca. 2 Stunden

Sie benötigen für 4 Portionen:

4 Lammhaxen (Lammstelzen) à 250–300 g
2 mittelgroße Zwiebeln
2 Knoblauchzehen
1 Karotte (ca. 100 g)
1 Lorbeerblatt
2 Zweige Thymian
2 Zweige Rosmarin
8–10 Pfefferkörner
3–4 Pimentkörner
2 Nelken
1 Prise Salz
3/4 l kräftigen Rotwein
4 EL Öl
1 EL Tomatenmark
150 g Cranberries oder Preiselbeeren
Pfeffer

So wird's gemacht:

1. Die Lammhaxen in eine Schüssel geben. Die Zwiebeln und den Knoblauch schälen und alles in Scheiben schneiden. Die Karotte waschen, schälen, ebenfalls in Scheiben schneiden und zu den Haxen geben. Die Kräuter und Gewürze im Mörser leicht zerdrükken und ebenfalls hinzufügen. Dann den Rotwein über das Fleisch gießen, die Schüssel abdekken und die Haxen 1 Tag in der Marinade ziehen lassen.
2. Am nächsten Tag das Fleisch aus der Marinade nehmen. Diese durch ein Sieb in einen Topf gießen, aufkochen lassen und abschäumen. Das Gemüse im Sieb aufheben.
3. Den Backofen auf 180°C vorheizen. Das Öl in einem Topf auf dem Herd erhitzen und das abgetropfte, trockengetupfte Fleisch rundherum darin anbraten. Das abgetropfte Marinadengemüse dazugeben und kurz braten, bis es leicht angebräunt ist.
4. Das Tomatenmark hineinrühren und kurze Zeit mitrösten. Die ganze Marinade angießen und zum Kochen bringen. Die Cranberries oder Preiselbeeren waschen und hinzufügen.
5. Die Lammhaxen zugedeckt 1 bis 1 1/2 Stunden im Backofen schmoren. Sie sind gar, wenn man mit der Fleischgabel leicht in das muskulöse Wadenfleisch stechen kann. Dann das Fleisch herausnehmen und im abgeschalteten Backofen zugedeckt warm halten.
6. Die Sauce durch ein Sieb in einen Topf passieren. Dabei das Gemüse und die Cranberries mit durchdrücken. Die Haxen in der Sauce noch einmal erhitzen und mit Salz und Pfeffer abschmecken. Die Haxen mit Semmelknödeln oder Polenta servieren.

Lammrückenfilet mit Pomeranzensauce

Zubereitungszeit: ca. 3/4 Stunden

Sie benötigen für 4 Portionen:

- 650 g Lammrückenfilet
- Pfeffer
- 12 Salbeiblätter
- 6 dünne Scheiben Parmaschinken
- 3 EL Öl
- 1 EL Butter

Für die Sauce:

- 1–2 Pomeranzen
- 1/2 Knoblauchzehe
- 200 ml Lammfond aus dem Glas
- 1/2 EL Akazienhonig
- 1 TL Speisestärke
- Salz
- weißen Pfeffer

So wird's gemacht:

1. Das Lammfilet in 12 gleich große Stücke schneiden. Anschließend die Stücke mit der Schnittfläche auf ein Schneidebrett legen und mit einem Küchenbeil oder mit etwas Ähnlichem leicht flach klopfen.

2. Die Medaillons mit Pfeffer würzen und mit je 1 gewaschenen und trockengetupften Salbeiblatt belegen. Die Schinkenscheiben der Länge nach halbieren und jedes Medaillon darin einwickeln. Eventuell mit Zahnstochern feststecken.

3. Das Öl in einer Pfanne erhitzen und die Medaillons darin vorsichtig etwa 3 Minuten braten. Dann wenden und auf der anderen Seite noch etwa 3 Minuten braten. Die Butter dazugeben und die Medaillons darin noch etwa 2 Minuten nachbraten.

4. In der Zwischenzeit die Pomeranzen auspressen. Den Knoblauch schälen und fein schneiden.

5. Die Medaillons aus der Pfanne nehmen und zugedeckt warmstellen. Den Knoblauch im Bratsatz kurz anschwitzen. Dann mit dem Pomeranzensaft ablöschen und die Flüssigkeit auf die Hälfte einkochen lassen. Den Lammfond dazugießen und den Honig hineinrühren.

6. Die Sauce ein wenig einkochen lassen und anschließend mit der in wenig kaltem Wasser angerührten Speisestärke binden. Die Sauce mit Salz und Pfeffer abschmecken und zu den Lammedaillons reichen. Dazu dünne Spaghetti (Spaghettini) mit Tomatenstückchen und Kräutern servieren.

Variation

Falls Sie keine Pomeranzen bekommen können, ersetzen Sie sie durch 1 große Orange.

Lammcurry in Zitronensauce

Zubereitungszeit: ca. 1 1/4 Stunden

Sie benötigen für 4 Portionen:

800 g Lammschulter ohne Knochen
2 mittelgroße Zwiebeln
2 EL Butterfett
1 grüne Chilischote
Salz
2 EL Currypulver
Saft von 2 Zitronen
2 unbehandelte Zitronen

So wird's gemacht:

1. Das Lammfleisch in etwa 3 cm große Würfel schneiden. Die Zwiebeln schälen und dann in Ringe schneiden.

2. Das Butterfett in einem Topf erhitzen und die Zwiebeln darin langsam goldgelb anschwitzen.

3. Die Chilischote halbieren, entkernen und die Scheidewände herausschneiden. Die Schote würfeln und zu den Zwiebeln geben.

4. Das Lammfleisch salzen und ebenfalls zu den Zwiebeln geben. Das Currypulver darüberstreuen und den Zitronensaft dazugießen. Den Topf mit einem Deckel verschließen.

5. Das Ragout bei mäßiger Hitze etwa 1 Stunde im eigenen Saft köcheln lassen. Sollte die Flüssigkeit dafür nicht ausreichen, etwas Wasser angießen.

6. Die Schale von 1/2 Zitrone mit einem Zestenreißer dünn abschälen, fein hacken und zum Ragout geben. Alle Zitronen schälen und die Filets herausschneiden (siehe Seite 47). Zum Schluß die Zitronenfilets zum Fleisch geben, das Lammcurry mit Salz abschmecken und mit Reis oder Cous-Cous servieren.

Kaninchenspieß mit Früchten

Zubereitungszeit: ca. 1/2 Stunde

Sie benötigen für 4 Portionen:

1 großer Stallkaninchenrücken mit Nieren und Knochen (ca. 600 g)
4 Scheiben durchwachsenen Speck
8 Physalis (Kapstachelbeeren)
200 g Ananas ohne Schale
1 säuerlichen Apfel
1 kleine Zwiebel
4 EL Öl
1 EL Butter

So wird's gemacht:

1. Die Nieren aus dem Kaninchenrücken heraustrennen und häuten. Die Rückenfilets von den Knochen lösen und die Sehnen und losen Häute entfernen. Die Filets in je 4 Stücke schneiden. Die Nieren gründlich waschen, trockentupfen, halbieren und mit je 1 Scheibe Speck umwickeln. Das Fleisch kalt stellen.

2. Die Physalis aus den Blütenkelchen herausnehmen (siehe Seite 40) und waschen. Die Ananas in 8 Stücke schneiden. Den Apfel waschen, vierteln, das Kerngehäuse herausschneiden und jedes Viertel einmal halbieren. Die Zwiebel schälen und vierteln.

3. Die vorbereiteten Zutaten in folgender Reihenfolge auf die Spieße stecken: Apfel, Fleisch, Zwiebel, Physalis, Niere, Ananas, Apfel, Fleisch, Physalis, Ananas.

4. Das Öl in einer Pfanne erhitzen und die Spieße darin so lange braten, bis das Fleisch gar ist. Dabei immer wieder wenden. Die Spieße aus der Pfanne nehmen, die Butter im Bratensatz aufschäumen lassen und zum Servieren über die Spieße geben.

Als Beilage eignen sich Tomaten- oder Curryreis sowie ein frischer Salat.

Variationen

Die Spieße können auch prima gegrillt werden.

Die Kaninchenrückenfilets und Nieren können Sie auch durch Hähnchenbrustfilets und Hähnchenleber ersetzen. Oder Sie nehmen nur Geflügel-, Schweine- oder Kalbfleisch.

Kaninchenrücken mit Feigenbeignets

Zubereitungszeit: ca. 1 1/2 Stunden

Sie benötigen für 4 Portionen:

2 Wildkaninchenrücken oder
1 großer Stallkaninchenrücken mit Knochen (600–750 g)
50 g Speck
1 kleine Karotte
30 g Knollensellerie
2 Schalotten
50 g Lauch
Salz, Pfeffer
2 EL Pflanzenöl
1/8 l Rotwein
1/2 l Kalbsjus (siehe Seite 48) oder Kalbsfond aus dem Glas
1/2 Speisestärke

Für die Beignets:

125 g Mehl
1/8 l helles Bier
2 Eier
1 Prise Salz
4 Feigen
Mehl zum Wenden
1/2 l Pflanzenöl zum Fritieren

So wird's gemacht:

1. Die Kaninchenrücken von losen Häuten und Sehnen befreien. Den Speck in feine Streifen schneiden.

2. Die Karotte und den Sellerie waschen, putzen und in kleine Würfel schneiden. Die Schalotten schälen und fein würfeln. Den Lauch putzen, gründlich waschen und in dünne Ringe schneiden. Den Backofen auf 180°C vorheizen.

3. Die Kaninchenrücken salzen und pfeffern. Das Öl in einem Topf auf dem Herd erhitzen und die Kaninchenrücken auf der Fleischseite darin anbraten. Die Rücken wenden, den Speck in den Topf geben und darin auslassen. Das Gemüse hinzufügen und kurz anschwitzen.

4. Das Gemüse mit dem Wein und der Kalbsjus oder dem -fond ablöschen und die Kaninchenrücken im Backofen etwa 25 Minuten garen.

5. Für die Beignets das Mehl in eine Schüssel sieben und das Bier hineinrühren.

6. Die Eier trennen. Die Eigelbe unter die Masse ziehen, salzen und den Teig durch ein Sieb streichen. Die Eiweiße steif schlagen und unter den Bierteig heben.

7. Die Feigen schälen (siehe Seite 14), in Mehl wenden und durch den Bierteig ziehen. Das Pflanzenöl in der Friteuse oder in einem Topf auf 180°C erhitzen und die Beignets darin goldbraun ausbacken. Anschließend auf Küchenpapier abtropfen lassen.

8. Die Kaninchenrücken aus dem Topf nehmen. Das Fleisch im Backofen warmhalten und die Sauce auf dem Herd auf die Hälfte einkochen lassen. Die Speisestärke in wenig kaltem Wasser anrühren, die Sauce sämig damit binden und mit Salz und Pfeffer abschmecken.

9. Das Fleisch von den Knochen lösen und in Scheiben schneiden. Diese mit der Sauce und den halbierten Feigenbeignets anrichten. Dazu passen Kartoffelklöße oder Kartoffeln.

Gebratener Rehrücken mit Hagebuttensauce

Zeit zum Durchziehen: 2 Tage
Ruhezeit: ca. 1/2 Stunde
Zubereitungszeit: ca. 2 1/2 Stunden

Sie benötigen für 4 Portionen:

Für 1 kg Hagebuttenmarmelade:

500 g Hagebutten
250 g einfacher Gelierzucker
1/2 Vanilleschote
Saft und Schale
von 1 unbehandelten Orange
Saft und Schale
von 1 unbehandelten Zitrone
Pergamentpapier zum Abdecken
der Gläser
4 cl Obstbrand (z.B. Pflaumen-
oder Mirabellengeist

Für das Fleisch:

1 küchenfertigen Rehrücken
(ca. 1200 g)

Für die Marinade:

6 Pfefferkörner
4 Wacholderbeeren
1 Nelke
1/2 Lorbeerblatt
2 EL Öl

Zum Braten:

Salz
Pfeffer
50 ml Pflanzenöl

Für die Sauce:

1 Karotte
60 g Sellerie
120 g Zwiebeln
350 ml Wildfond aus dem Glas
Salz
Pfeffer
1/2 TL Speisestärke

So wird's gemacht:

1. Bereiten Sie die Hagebuttenmarmelade schon 2 Tage vor dem Servieren zu. Dafür die Hagebutten waschen, trockentupfen und die Stielansätze abschneiden. Die Früchte der Länge nach halbieren und entkernen (siehe Seite 18).

2. Die Hagebuttenhälften in eine Schüssel geben und mit dem Zucker und dem ausgeschabten Vanillemark bestreuen. Die Schüssel abdecken und die Früchte 12 Stunden oder über Nacht durchziehen lassen.

3. Am nächsten Tag die Früchte in einen Topf umfüllen und den Saft sowie die Schale der Zitrusfrüchte dazugeben. Alles mit 300 ml Wasser auffüllen und die Früchte bei mäßiger Hitze weich kochen. Dabei darauf achten, daß immer genügend Flüssigkeit vorhanden ist, eventuell noch etwas Wasser nachgießen.

4. Die heiße Marmelade durch ein Sieb streichen, dabei möglichst viel Fruchtfleisch durch das Sieb pressen. Das Mus noch einmal aufkochen, heiß in sterile Gläser mit Twist-off-Verschluß abfüllen.

5. Das Pergamentpapier auf Glasdurchmesser zuschneiden. Den Schnaps erhitzen und das Papier damit tränken. Das Papier auf die Marmelade legen und die Gläser mit den Deckeln verschließen. (Ungeöffnet ist die Marmelade etwa 6 Monate haltbar. Sie eignet sich gut zum Füllen von pochierten Äpfeln und als Brotaufstrich.)

6. Am nächsten Tag den Rehrücken auf beiden Seiten des Rückgrats 1,5 bis 2 cm tief einschneiden.

7. Für die Marinade die Gewürze in einem Mörser zerstoßen. Das Öl hinzufügen und alles gut verrühren. Die Schnittflächen zwischen Fleisch und Knochen mit der Marinade einpinseln.

8. Den Rehrücken mit Klarsichtfolie abdecken und etwa ½ Stunde im Kühlschrank durchziehen lassen.

9. Inzwischen eine Fettpfanne im Backofen bei 200°C erhitzen. Den Rehrücken mit Salz und Pfeffer würzen und das Öl in die Fettpfanne geben. Nun den Rücken mit der Fleischseite nach unten auf beiden Seiten des Rückgrats darin anbraten.

10. Das Fleisch wenden und weitere 35 Minuten im Backofen garen.

11. Die Karotte und den Sellerie waschen, schälen und in feine Würfel schneiden. Die Zwiebeln schälen und grob hacken.

12. Nach etwa 5 Minuten Garzeit das Gemüse zum Fleisch geben. Dieses in der Fettpfanne mitbraten und zwischendurch wenden. Den Rehrücken alle 3 bis 4 Minuten mit dem Bratensatz übergießen.

13. Ob das Fleisch gar ist, läßt sich mit Hilfe eines Bratenthermometers feststellen. Die Kerntemperatur muß 80°C betragen. Das Fleisch nach Ende der Garzeit aus der Pfanne nehmen, in Alufolie einschlagen und bis zum Servieren warm halten.

14. Den in der Fettpfanne verbliebenen Bratensatz mit dem Wildfond ablöschen und alles durch ein Sieb in einen Topf passieren. Die Sauce etwas einkochen lassen, 2 Eßlöffel Hagebuttenmarmelade darunterrühren und die Sauce mit Salz und Pfeffer abschmecken. Zum Schluß mit der in kaltem Wasser angerührten Speisestärke binden.

15. Das Fleisch von den Knochen lösen und in Scheiben schneiden. Den Rehrücken zusammen mit der Sauce servieren.
Als Beilage eignen sich Spätzle und junge Karotten.

Tip

Für die Herstellung von Hagebuttenmarmelade nur vollreife, fleischige Früchte verwenden. Den besten Reifezustand haben sie, wenn sie schon einige Frostnächte hatten.

Zitronenhähnchen

Zubereitungszeit: ca. 1 1/4 Stunden

Sie benötigen für 4 Portionen:

2 küchenfertige Hähnchen à 800 g
Salz
Pfeffer
4 Zweige Rosmarin
4 EL Öl
6–8 Schalotten
2 Knoblauchzehen
abgeriebene Schale von
1 unbehandelten Zitrone
1/8 l Weißwein
Saft von 1 Zitrone
2 EL Honig
1/4 l Geflügelfond (siehe Seite 48)
oder Geflügelfond aus dem Glas
12 schwarze Oliven
1 Zitrone
1 TL Speisestärke

So wird's gemacht:

1. Den Backofen auf 180°C vorheizen. Die Hähnchen waschen, trockentupfen und innen und außen mit Salz und Pfeffer einreiben. Den Rosmarin waschen und je 2 Zweige in die Hähnchen geben.

2. Das Öl in einem großen Bräter auf dem Herd erhitzen und die Hähnchen darin auf den Keulenseiten anbraten. Dann die Hähnchen im Backofen zunächst ungefähr 30 Minuten offen braten. Danach auf den Rücken legen und noch etwa 15 Minuten weiterbraten.

3. In der Zwischenzeit die Schalotten und den Knoblauch schälen und in Streifen schneiden. Beides nach etwa 10 Minuten Garzeit zum Geflügel geben und im Bratfett anschwitzen.

4. Die Zitonenschale zu den Schalotten in den Bräter geben und alles mit dem Weißwein ablöschen.

5. Den Zitronensaft mit dem Honig verrühren und das Geflügel nach 30 Minuten Garzeit mehrmals damit bepinseln.

6. Sollte die Flüssigkeit während des Garens zu stark einkochen, etwas Geflügelfond angießen.

7. Die Oliven halbieren und entsteinen.

8. Nach Ende der Garzeit die Hähnchen aus dem Bräter nehmen und im ausgeschalteten Backofen warmhalten.

9. Den Bräter auf den Herd stellen, das Bratfett mit dem restlichen Geflügelfond ablöschen und die Sauce zum Kochen bringen. Die Oliven hinzufügen und die Sauce leicht einkochen lassen.

10. Die Zitrone gut schälen. Die Filets herausschneiden (siehe Seite 47) und in die Sauce geben. Die Sauce mit der in wenig kaltem Wasser angerührten Speisestärke binden und mit Salz und Pfeffer abschmecken. Die Hähnchen in Stücke zerteilen und mit der Sauce servieren.

Dazu paßt Reis oder Kräuterreis.

Hähnchen mit Nektarinen und Frühlingszwiebeln

Zubereitungszeit: ca. 1 Stunde

Sie benötigen für 4 Portionen:

2 Hähnchen à 800 g
Salz
weißen Pfeffer
3 EL Butterschmalz
2 Nektarinen
2 Frühlingszwiebeln
2 Schalotten
Saft und abgeriebene Schale von 1 Limette
200 ml Geflügelfond (siehe Seite 48) oder Geflügelfond aus dem Glas
150 g saure Sahne
1 EL Schnittlauchröllchen

So wird's gemacht:

1. Die Hähnchen innen und außen waschen, trockentupfen und mit einer Geflügelschere entlang des Rückgrats und des Brustbeins halbieren. Die Hälften jeweils zwischen Brust und Keule durchtrennen, so daß insgesamt 8 Teile vorliegen.

2. Die Hähnchenteile mit Salz und Pfeffer würzen. Das Butterschmalz in einer großen Pfanne erhitzen. Die Geflügelteile darin zunächst auf der Hautseite anbraten und dann wenden. Die Pfanne mit einem Deckel verschließen und das Geflügel bei reduzierter Hitze etwa 15 Minuten braten. Eventuell etwas Geflügelfond angießen, damit der Bratensatz nicht zu heiß wird und dann einbrennt.

3. In der Zwischenzeit die Nektarinen waschen, halbieren, die Steine herauslösen und das Fruchtfleisch in Spalten schneiden. Die Frühlingszwiebeln putzen, waschen und schräg in Ringe schneiden. Die Schalotten schälen und fein würfeln.

4. Die Hähnchenteile aus der Pfanne nehmen und warmhalten. Frühlingszwiebeln und Schalotten im Bratfett anschwitzen, dann die Nektarinenspalten hinzufügen. Die Limettenschale dazugeben und alles gut verrühren. Anschließend den Limettensaft und den Geflügelfond angießen.

5. Die Flüssigkeit zum Kochen bringen und die Hähnchenteile dazugeben. Das Geflügel bei kleiner Hitze noch 20 bis 25 Minuten in der Sauce leise köcheln lassen. Zum Schluß die saure Sahne in die nicht mehr kochende Sauce einrühren und das Gericht mit den Schnittlauchröllchen bestreuen. Die Hähnchenteile mit Nudeln oder Reis servieren.

Hähnchenbrust mit Curryfrüchten und Kokosraspeln

Zubereitungszeit: ca. 3/4 Stunden

Sie benötigen für 4 Portionen:

8 Rambutans oder Litschis
1 Kiwi
2 Loquats oder Aprikosen
1 Banane
2 Passionsfrüchte
2 Hähnchenbrüste
ohne Haut à 300 g
4 EL Pflanzenöl
Salz
weißen Pfeffer
2 EL Butter
2 EL Kokosraspel
1 EL Currypulver
1 Msp. Cayennepfeffer
oder einige Tropfen Tabasco
1/4 l Geflügelfond (siehe Seite 48)
oder Geflügelfond aus dem Glas
1 TL Speisestärke
1–2 EL Crème fraîche

So wird's gemacht:

1. Die Rambutans oder Litschis schälen, halbieren und entkernen (siehe Seite 43 bzw. 28). Die Kiwi schälen, halbieren und in Scheiben schneiden. Die Loquats enthäuten und in Spalten schneiden (siehe Seite 29) oder die Aprikosen waschen, halbieren und die Steine herauslösen (siehe Seite 9). Das Fruchtfleisch in Spalten schneiden. Die Banane schälen und in Scheiben schneiden. Die Passionsfrüchte halbieren, das Fruchtfleisch mit einem Löffel herausschaben und durch ein Sieb streichen (siehe Seite 37).

2. Die Hähnchenbrüste waschen, trockentupfen, in 1 cm breite Streifen schneiden. Das Öl in einer entsprechend großen Pfanne erhitzen und das Fleisch darin rasch braun anbraten. Salzen, pfeffern und noch 1 bis 2 Minuten weiterbraten. Anschließend die Geflügelstreifen in einem Sieb abtropfen lassen, dabei den Bratfond auffangen.

3. Die Pfanne mit Küchenpapier ausreiben und 1 1/2 Eßlöffel Butter darin aufschäumen lassen. Die vorbereiteten Früchte (außer dem Passionsfruchtsaft) nacheinander in die Butter geben, anbraten und jeweils zum Fleisch auf das Sieb geben. Die Bratflüssigkeit dabei auffangen.

4. Den restlichen halben Eßlöffel Butter in die Pfanne geben, die Kokosraspeln hineinstreuen und im Bratsatz kurz anbraten. Das Currypulver und den Cayennepfeffer oder Tabasco dazugeben und alles mit dem Passionsfruchtsaft ablöschen. Dann den Geflügelfond hinzufügen, zum Kochen bringen und die Sauce einige Minuten leicht köcheln lassen.

5. Den abgetropften Fleisch- bzw. Fruchtsaft in die Sauce geben und diese mit Salz und Pfeffer würzen. Die Speisestärke in etwas kaltem Wasser anrühren, die Sauce damit binden und noch einmal zum Kochen bringen.

6. Das Fleisch und die Früchte wieder in der Sauce erhitzen, diese jedoch nicht mehr kochen lassen. Die Sauce kurz vor dem Servieren mit der Crème fraîche verfeinern. Das Gericht mit Reis servieren.

Variation

Dieses Gericht können Sie auch mit Kalb- oder Schweinefleisch zubereiten.
Wer es noch schärfer mag, der gibt beim Braten eine kleine gehackte Chilischote dazu.

Maispoularde in scharfer Kokossauce

Marinierzeit: ca. 1/2 Stunde
Zubereitungszeit: ca. 1 Stunde

Sie benötigen für 4 Portionen:

1 Maispoularde (ca. 1,5 kg)
1 EL gemahlenen Koriander
1 TL gemahlene Chilischoten
1 TL Kurkuma (Gelbwurzpulver)
1 TL gemahlenen schwarzen Pfeffer
3 EL frisch geraspelte Kokosflocken (siehe Seite 26)
5 EL Öl
4 mittelgroße Kartoffeln

So wird's gemacht:

1. Die Poularde innen und außen waschen, trockentupfen und mit einer Geflügelschere in 8 gleich große Stücke zerteilen. Die Haut entfernen.

2. Die Gewürze und die Kokosflocken mit 1 Eßlöffel Öl mischen und die Geflügelteile damit einstreichen. Das Fleisch in eine Schüssel geben und mindestens 1/2 Stunde marinieren lassen.

3. In der Zwischenzeit die Kartoffeln waschen, schälen und in 1 cm große Würfel schneiden.

4. Die restlichen 4 Eßlöffel Öl in einem flachen Topf erhitzen und die Poulardenteile darin vorsichtig von allen Seiten anbraten. Die Kartoffelwürfel dazugeben, goldbraun anbraten und herausnehmen. Dann soviel Wasser in den Topf geben, daß die Geflügelteile zur Hälfte bedeckt sind.

5. Das Geflügel 30 bis 35 Minuten im offenen Topf köcheln lassen, es dabei mehrmals wenden.

6. Wenn das Fleisch gar ist, die Kartoffeln dazugeben und die Sauce mit den Gewürzen noch einmal abschmecken.

Das Fleisch in der Sauce servieren. Dazu paßt Weißbrot oder Fladenbrot.

Poulardenkeule mit Kumquats

Zubereitungszeit: ca. 1 Stunde

Sie benötigen für 4 Portionen:

4 Poulardenkeulen à 250 g
Salz, weißen Pfeffer
3 EL Mehl
4 EL Pflanzenöl
1/8 l Weißwein
1/4 l Geflügelfond (siehe Seite 48)
oder Geflügelfond aus dem Glas
1 kleinen Bund Estragon
100 g Kumquats
100 g Sahne

So wird's gemacht:

1. Die Poulardenkeulen waschen, trockentupfen und mit einem scharfen Küchenmesser im Kniegelenk durchtrennen.

2. Das Geflügel mit Salz und Pfeffer würzen, im Mehl wenden und dieses gut abklopfen.

3. Das Öl in einem Topf erhitzen und die Keulenteile darin rundherum goldbraun anbraten. Dann mit dem Weißwein ablöschen und den Geflügelfond dazugießen.

4. Den Estragon waschen und die Blätter von den Stielen zupfen. Die Blätter beiseite legen, die Stiele zum Geflügel geben. Den Topf verschließen und die Keulen bei schwacher Hitze insgesamt 45 Minuten garen.

5. In der Zwischenzeit die Kumquats waschen, quer halbieren und entkernen (siehe Orange Seite 35). Die Kumquats nach 25 Minuten zum Geflügel geben.

6. Nach Ende der Garzeit die Estragonstiele aus der Sauce entfernen. Die Keulenteile herausnehmen. Die Sahne zur Sauce geben und diese cremig einkochen lassen. Die Sauce mit Salz und Pfeffer abschmecken, die Keulen noch einmal darin erhitzen und die Estragonblätter hinzufügen.
Dazu passen Bandnudeln.

Entenbrust mit Garnelen und Loquats

Zubereitungszeit: ca. 3/4 Stunden

Sie benötigen für 4 Portionen:

4 Entenbrüste à 180 g
Salz
weißen Pfeffer
4 EL Öl
6 Loquats
4 Schalotten
1/2 Knoblauchzehe
10 g frischen Ingwer
(oder 1 Msp. Ingwerpulver)
8 frische, ausgelöste Riesengarnelen
1 EL Butterschmalz
2 EL Sojasauce
1/4 l dunklen Geflügelfond (siehe Seite 48) oder Geflügelfond aus dem Glas
1 TL Speisestärke

So wird's gemacht:

1. Den Backofen auf 180°C Oberhitze vorheizen.

2. Die Entenbrüste waschen, trockentupfen und die Haut mit einem scharfen Messer im Karomuster bis knapp über das Fleisch einschneiden. Dann das Fleisch salzen und pfeffern.

3. Das Öl in einem Bräter auf dem Herd erhitzen und die Entenbrüste auf der Hautseite darin goldbraun anbraten.

4. Das Fleisch wenden und im Backofen 12–14 Minuten weiterbraten. Dann herausnehmen und 5 Minuten zugedeckt ruhen lassen.

5. In der Zwischenzeit die Loquats schälen, die Kerne herauslösen (siehe Seite 29) und das Fruchtfleisch in Stücke schneiden. Die Schalotten und den Knoblauch schälen und fein schneiden. Den Ingwer schälen und fein hacken.

6. Die Garnelen waschen, trockentupfen und mit Salz und Pfeffer würzen.

7. Das Butterschmalz in einer Pfanne erhitzen und die Garnelen darin anbraten. Wenn sie Farbe genommen haben, dann herausnehmen. Die Schalotten und den Knoblauch kurz im Bratfett dünsten. Dann den Ingwer ebenfalls mit andünsten. Zum Schluß die Loquatstücke hinzufügen. Alles mit der Sojasauce ablöschen und mit dem Geflügelfond aufgießen.

8. Die Sauce köcheln lassen, bis die Loquats weich sind. Dann die Garnelen wieder dazugeben und die Sauce mit der in wenig kaltem Wasser angerührten Speisestärke binden. Anschließend mit Salz und Pfeffer abschmecken.

9. Die Entenbrüste in Scheiben schneiden und zusammen mit der Sauce servieren.

Dazu paßt asiatischer Klebreis.

Gerichte mit Fisch und Meeresfrüchten

Frische Fische und Meeresfrüchte lassen sich auf Grund ihres feinen und edlen Aromas bestens mit Früchten kombinieren. Diese geben den Gerichten den besonderen Pfiff und bringen eine gelungene Abwechslung in die Küche.

Lachsforellenfilet mit kalter Avocado-Kresse-Sauce

Zubereitungszeit: ca. 3/4 Stunden

Sie benötigen für 4 Portionen:

4 Lachsforellenfilets
mit Haut à 140 g
etwas Zitronensaft
400 g festkochende, kleine
Kartoffeln
1 Zucchino (ca. 200 g)
3 EL Butterfett
Salz
weißen Pfeffer
1/2 Knoblauchzehe

Für die Sauce:

1 reife Avocado
Saft von 1/2 Zitrone
100 g saure Sahne
Salz
weißen Pfeffer
einige Tropfen Worcester-
shiresauce
1 Kästchen Gartenkresse

So wird's gemacht:

1. Die Quergräten der Forellenfilets mit Hilfe einer Pinzette oder einer kleinen Zange entfernen, die Haut abwaschen und trockentupfen. Die Filets mit Zitronensaft beträufeln und kalt stellen.

2. Die Kartoffeln schälen, waschen und mit einem Messer oder dem Küchenhobel in 2 bis 3 mm dünne Scheiben schneiden bzw. hobeln. Die Scheiben in kaltes Wasser legen und 10 Minuten wässern, bis die Stärke ausgetreten ist. Den Zucchino waschen, schälen und ebenfalls in Scheiben schneiden. Die Kartoffelscheiben trockentupfen.

3. Nun 1 Eßlöffel Butterfett in einer Pfanne erhitzen und die Kartoffelscheiben darin bei mittlerer Hitze etwa 10 Minuten braten. Dabei die Kartoffelscheiben öfter wenden.

4. Für die Sauce die Avocado schälen, halbieren, den Stein herauslösen und das Fruchtfleisch mit Hilfe eines Löffels aus der Schale heben (siehe Seite 10). Die Hälfte des Fruchtfleisches in kleine Würfel schneiden und mit dem Zitronensaft beträufeln.

5. Das restliche Fruchtfleisch in einem Mixer fein pürieren und mit der sauren Sahne in einer Schüssel verrühren. Die Masse mit Salz und Pfeffer würzen und mit der Worcestershiresauce abschmecken.

6. Die Gartenkresse waschen, abschneiden, einige Blättchen beiseite legen und die restlichen fein hacken. Die Kresse zusammen mit den Avocadowürfeln unter die Sauce rühren.

7. Die gebratenen Kartoffelscheiben mit Salz und Pfeffer würzen, aus der Pfanne nehmen und warm halten.

8. Die Pfanne mit Küchenpapier ausreiben und 1 Eßlöffel Butterfett darin erhitzen.

9. Die Forellenfilets mit Salz und Pfeffer würzen und auf der Hautseite im heißen Fett anbraten. Die Filets erst wenden, wenn die Haut knusprig ist, dann auf der anderen Seite fertig braten. Anschließend den Fisch aus der Pfanne nehmen und zugedeckt warm halten.

10. Den restlichen Eßlöffel Butterfett in der Pfanne erhitzen. Den Knoblauch schälen, fein hacken und in dem Fett anschwitzen. Die Zucchinischeiben dazugeben, mit Salz und Pfeffer würzen und auf beiden Seiten goldbraun anbraten.

11. Die Kartoffel- und Zucchinischeiben auf Tellern anrichten und die Lachsforellenfilets darauf geben. Die Avocadosauce mit der restlichen Kresse garnieren und zum Fisch servieren.

Gespicktes Zanderfilet mit Bananen-Erdnuß-Sauce

Zubereitungszeit: ca. 1 Stunde

Sie benötigen für 4 Portionen:

4 Zanderfilets à 180 g
2 Scheiben durchwachsenen Speck
500 g festkochende Kartoffeln
1 Banane
2 EL Zitronensaft
2 EL Currypulver
4 EL Naturjoghurt
Salz, Cayennepfeffer
2 EL gesalzene Erdnüsse
2 EL Pflanzenöl
weißen Pfeffer
1 EL Butter
1/2 EL gehackte Petersilie

So wird's gemacht:

1. Die Quergräten der Zanderfilets mit Hilfe einer Pinzette oder einer kleinen Zange entfernen. Die Filets dann waschen und trockentupfen. Den Speck in feine Streifen schneiden und die Filets locker damit auf einer Seite spicken. Dazu mit einem spitzen Messer kleine Taschen in das Fleisch schneiden und die Speckstreifen hineinstekken. Den Fisch zugedeckt kalt stellen.

2. Die Kartoffeln schälen, waschen und der Länge nach vierteln. Die Kanten eventuell etwas abrunden. Die Kartoffeln in Salzwasser in ungefähr 20 Minuten gar kochen.

3. Inzwischen für die Sauce die Banane schälen, in Scheiben schneiden und zusammen mit Zitronensaft und Currypulver in einem Mixer fein pürieren. Die Masse in eine Schüssel geben, den Joghurt darunterrühren und alles mit Salz und Cayennepfeffer gut würzen.

4. Zum Schluß die Erdnüsse fein hacken und dann unter die Sauce ziehen.

5. Das Öl in einer Pfanne erhitzen. Die Zanderfilets mit Pfeffer würzen und auf der gespickten Seite darin goldbraun anbraten. Dann wenden und auf der anderen Seite weiterbraten. Zum Schluß die Butter dazugeben, die Petersilie hineinstreuen, die Filets dazugeben und im Fett nachbraten. Die Filets auf die Teller geben und mit der Petersilienbutter übergießen.

6. Die Kartoffeln abschütten und auf die Teller verteilen. Die Sauce dazugeben.

Zanderfilet auf Limetten-Fenchel-Sauce mit Karambole

Zubereitungszeit: ca. 1 Stunde

Sie benötigen für 4 Portionen:

Für die Sauce:
2 Fenchelknollen à 180 g
1 Schalotte
1 EL Butter
Salz, weißen Pfeffer
2 Limetten
450 ml Fischfond (siehe Seite 49)
oder Fischfond aus dem Glas
200 g Sahne

Außerdem:
2 Tomaten
650 g Zanderfilet
Salz, weißen Pfeffer
4 EL Pflanzenöl
1 Karambole

So wird's gemacht:

1. Das Grün von den Fenchelknollen abschneiden und beiseite legen. Die Stielansätze abschneiden und die Knollen waschen. Dann halbieren, die Strünke herausschneiden und das Gemüse in feine Scheiben schneiden. Die Schalotte schälen und in Ringe schneiden.

2. Die Butter in einem Topf erhitzen und die Schalotten darin glasig dünsten. Den Fenchel dazugeben, mit Salz und Pfeffer würzen und ebenfalls andünsten.

3. Dann die Schale einer Limette abreiben und den Saft auspressen. Saft und Schale zur Sauce geben, mit dem Fischfond aufgießen und die Sauce bei schwacher Hitze zugedeckt 20 bis 25 Minuten köcheln lassen.

4. Die Tomaten über Kreuz einritzen, überbrühen, abschrecken und enthäuten. Dann halbieren, entkernen und die Stielansätze herausschneiden. Fruchtfleisch würfeln.

5. Die Quergräten des Zanderfilets mit Hilfe einer Pinzette oder einer kleinen Zange entfernen. Den Fisch waschen, trockentupfen, in 4 Portionen zerteilen und mit Salz und Pfeffer würzen.

6. Das Öl in einer Pfanne erhitzen und die Zanderfilets auf beiden Seiten darin goldgelb braten. Der Fisch ist gar, wenn man mit einer Messerspitze leicht durch das Filet hindurchstechen kann.

7. Die Karambole waschen und die harten Kanten abrunden (Seite 24), die Frucht in Scheiben schneiden.

8. Den Fisch aus der Pfanne nehmen und zugedeckt warm stellen. Die Pfanne mit Küchenpapier ausreiben. Die Karambolenscheiben darin erwärmen und mit Salz leicht würzen. Dann die Tomatenwürfel dazugeben und beides einige Minuten schmoren lassen.

9. Nun die Sahne zu der Limetten-Fenchel-Sauce geben und diese leicht cremig einkochen lassen. Das Fenchelkraut waschen, fein hacken und in die Sauce geben.

10. Die zweite Limette schälen, die Filets herausschneiden (siehe Zitrone Seite 47) und in der Fenchelsauce kurz erwärmen. Die Sauce mit Salz und Pfeffer abschmecken.

11. Die Fenchelsauce auf die Teller verteilen, die Zanderfilets darauf anrichten und das Karambole-Tomaten-Ragout dazugeben. Dazu paßt Kartoffelpüree.

Lachs-Zander-Roulade auf Stachelannonensauce

Zubereitungszeit: ca. 1 ½ Stunden

Sie benötigen für 4 Portionen:

120 g Zanderfilet
Salz
weißen Pfeffer
140 g gut gekühlte Sahne
4 Lachsscheiben aus dem Mittelstück à 160 g

Für die Sauce:

1 Stachelannone
2 Schalotten
1 EL Butter
Salz
weißen Pfeffer
4–5 Safranfäden
oder ½ Döschen Safranpulver
300 g Sahne
etwas Zitronensaft

So wird's gemacht:

1. Das Zanderfilet waschen, trockentupfen, in kleine Würfel schneiden und zugedeckt im Tiefkühlfach einige Minuten anfrosten. Dann die Zanderwürfel mit Salz und Pfeffer würzen und in einem Mixer fein pürieren. Die kalte Sahne nach und nach dazugeben, bis eine homogene Masse entstanden ist. Diese kurz kalt stellen und dann durch ein Sieb streichen.

2. Die Lachsscheiben horizontal einschneiden, aber nicht ganz durchschneiden, die Filets auseinanderklappen und zwischen 2 Frischhaltetüten mit einem Küchenbeil leicht flachklopfen.

3. Die Filets mit Salz und Pfeffer würzen und die Zanderfarce auf die Filets verteilen. Die Lachsscheiben zu Rouladen zusammenrollen und in einen aufgeschnittenen Bratschlauch einschlagen (bitte keine Klarsichtfolie nehmen). Die Enden der Hülle mit Küchengarn zubinden und die Rouladen einige Minuten kalt stellen.

4. In der Zwischenzeit die Stachelannone schälen, halbieren, entkernen (siehe Seite 7) und das Fruchtfleisch durch ein Sieb streichen. Die Schalotten schälen und würfeln.

5. Die Butter in einem Topf erhitzen und die Schalotten darin glasig dünsten. Das Annonenpüree dazugeben und alles mit Salz, Pfeffer und Safran würzen. Das Püree etwas einkochen lassen und dann die Sahne angießen. Die Sauce cremig einkochen lassen, dann durch ein Sieb passieren und mit dem Zitronensaft abschmecken.

6. Die Lachsrouladen mit der Folie in einen flachen Topf mit siedendem Salzwasser geben und 15 bis 20 Minuten darin pochieren (garziehen lassen). Die Wassertemperatur soll dabei 70°C übersteigen, das Wasser darf aber nicht kochen.

7. Die Rouladen aus der Folie nehmen, in Scheiben schneiden und mit der Sauce servieren.

Dazu gemischten Reis (Patnareis und Wildreis) reichen.

Hechtfilet mit Meerrettichkruste und Kaktusfeigensauce

Zubereitungszeit: ca. 3/4 Stunden

Sie benötigen für 4 Portionen:

4 Kaktusfeigen
3 EL kalte Butter
1 EL Zucker
4 EL roten Portwein
1/8 l Geflügelfond (siehe Seite 48)
oder Geflügelfond aus dem Glas
Salz
weißen Pfeffer
2 EL frisch geriebenen Meerrettich
2 Scheiben Toastbrot
4 Hechtfilets à 140 g
3 EL Öl
einige Blätter Basilikum

So wird's gemacht:

1. Die Kaktusfeigen schälen (siehe Seite 23) und mit einem Messer in Scheiben schneiden.
2. Dann 1 Eßlöffel Butter in einem Topf schmelzen lassen und den Zucker darin leicht karamelisieren lassen. Die Kaktusfeigenscheiben hinzufügen und kurz mitanschwitzen.
3. Mit dem Portwein und dem Geflügelfond ablöschen. Das Ganze bei schwacher Hitze köcheln lassen, bis die Früchte zerfallen und der Fond auf die Hälfte reduziert ist. Die Sauce durch ein Sieb passieren und mit Salz und Pfeffer würzen.
4. Dann 1 Eßlöffel Butter in einer Schüssel schaumig rühren. Den Meerrettich darunterrühren. Das Toastbrot entrinden und in einem Mixer zerkleinern. Das Brot unter die Buttermasse rühren. Diese mit Salz und Pfeffer würzen, auf einen Teller streichen und kalt stellen.
5. Die Hechtfilets salzen und pfeffern. Das Öl in einer Pfanne erhitzen und die Filets auf beiden Seiten 1 bis 2 Minuten darin braten.
6. Dann die Filets aus der Pfanne nehmen, leicht abkühlen lassen und jedes Filet mit der Meerrettichmasse bestreichen. Den Fisch unter dem Grill goldgelb überbacken.
7. Die Kaktusfeigensauce noch einmal erhitzen und den restlichen Eßlöffel kalte Butter flöckchenweise in die nicht mehr kochende Sauce einrühren.
8. Das Basilikum waschen, fein schneiden, in die Sauce geben und diese mit Salz und Pfeffer abschmecken. Die Sauce zum Fisch servieren.
Als Beilagen eignen sich Zuckerschoten oder Brokkoli sowie Kartoffeln oder Teigwaren.

Tip

Falls Sie keinen Grill besitzen, können Sie den Fisch auch im vorgeheizten Backofen bei 250°C Oberhitze überbacken, bis die Kruste goldgelb ist.

Seeteufel an der Gräte gebraten mit Kakischeiben und Currysauce

Zubereitungszeit: ca. 1 Stunde

Sie benötigen für 4 Portionen:

Für die Currysauce:

1 säuerlichen Apfel
1/2 Banane
2 Schalotten
1 EL Butter
1 EL Currypulver
1 TL Mehl
1/8 l Weißwein
1/2 l Fischfond (siehe Seite 49)
oder Fischfond aus dem Glas
Salz
Pfeffer
2 EL Crème fraîche

Außerdem:

1 kg Seeteufel mit Gräte
Salz, weißen Pfeffer
4 EL Mehl, 6 EL Pflanzenöl
1 1/2 EL Butter, 2 Kakis

So wird's gemacht:

1. Den Apfel schälen, vierteln und das Kerngehäuse herausschneiden. Die Viertel in kleine Blättchen schneiden. Die Banane schälen und in Scheiben schneiden. Die Schalotten schälen und würfeln.
2. Die Butter in einem Topf aufschäumen lassen und die Schalotten darin glasig dünsten. Dann Apfel- und Bananenscheiben dazugeben und ebenfalls andünsten. Alles mit Currypulver bestreuen, das Mehl darüberstäuben und gut verrühren. Den Weißwein angießen und alles glattrühren. Den Fischfond hinzufügen und die Sauce 15 bis 20 Minuten köcheln lassen.
3. Den Seeteufel mit einem Sägemesser quer in 2 bis 3 cm dicke Scheiben schneiden, mit Salz und Pfeffer würzen, mit 2 Eßlöffeln Mehl bestäuben und abklopfen.
4. Das Öl in einer Pfanne erhitzen und die Seeteufelscheiben darin anbraten. Auf jeder Seite 3 bis 4 Minuten bei schwacher Hitze goldbraun braten. Dann 1/2 Eßlöffel Butter in die Pfanne geben und den Fisch darin nachbraten. Dann zugedeckt warm stellen.
5. Die Kakis schälen, in Scheiben schneiden (siehe Seite 22) und in den restlichen 2 Eßlöffeln Mehl wenden. Die Pfanne mit Küchenpapier ausreiben und den restlichen Eßlöffel Butter darin erhitzen. Die Kakis in der Butter anbraten.
6. Die eingekochte Currysauce mit einem Mixstab pürieren und durch ein Sieb streichen. Danach mit Salz und Pfeffer abschmecken und mit der Crème fraîche verfeinern.
7. Die gebratenen Kakischeiben auf Tellern anrichten, den Fisch darauf geben und die Currysauce angießen. Dazu paßt gekochter Reis.

Steinbutt mit Jackfrucht und Kiwi

Zubereitungszeit: ca. 1 Stunde

Sie benötigen für 4 Portionen:

600 g Jackfruchtfleisch oder Fruchtsegmente
3 Schalotten
1 Knoblauchzehe
1 ½ EL Butter
Salz
weißen Pfeffer
½ grüne Chilischote
1 TL Currypulver
⅛ l Weißwein
¼ l Fischfond (siehe Seite 49) oder Fischfond aus dem Glas
125 g Sahne
4 Steinbuttfilets à 160 g
2 Kiwis
Kräuter zum Garnieren

So wird's gemacht:

1. Das Jackfruchtfleisch bzw. die Fruchtsegmente von den Kernen lösen und das Fleisch grob würfeln (siehe Seite 21). Die Schalotten und den Knoblauch schälen und fein schneiden.

2. Nun 1 Eßlöffel Butter in einem Topf erhitzen und zwei Drittel der Schalotten zusammen mit dem Knoblauch darin glasig dünsten. Dann die Jackfruchtwürfel dazugeben und mit Salz und Pfeffer würzen.

3. Die halbe Chilischote waschen, entkernen und die Scheidewände herausschneiden. Die Schote in feine Würfel schneiden und zur Jackfrucht geben. Das Currypulver darüberstreuen und alles verrühren.

4. Das Ganze mit dem Weißwein ablöschen und ⅛ l Fischfond angießen. Die Jackfruchtwürfel 10 bis 15 Minuten bei schwacher Hitze köcheln lassen. Dann die Sahne hinzugießen und die Sauce dickflüssig einkochen lassen.

5. Einen großen, flachen Topf mit dem restlichen ½ Eßlöffel Butter einfetten und die restlichen Schalotten darüberstreuen. Die Steinbuttfilets waschen, trockentupfen, mit Salz und Pfeffer würzen und auf die Schalotten im Topf setzen.

6. Den restlichen ⅛ l Fischfond dazugießen und die Flüssigkeit erhitzen. Wenn der Fond zu sieden beginnt, den Topf mit einem Deckel verschließen und den Fisch bei schwacher Hitze etwa 10 Minuten dünsten.

7. Die Jackfruchtsauce mit Salz und Pfeffer würzen und nur soviel vom Dünstfond des Steinbutts dazugeben, daß die Sauce noch cremig bleibt. Die Kiwis schälen, in Scheiben schneiden und zur Sauce geben.

8. Den Steinbutt mit den gewaschenen Kräutern garnieren und zusammen mit der Jackfrucht-Kiwi-Sauce anrichten.
Dazu Nudeln oder Salzkartoffeln servieren.

Steinbutt mit Ananas

Zubereitungszeit: ca. 3/4 Stunden

Sie benötigen für 4 Portionen:

600 g Steinbuttfilet
2 Schalotten
1 1/2 EL Butter
Salz
weißen Pfeffer
Saft von 1/2 Zitrone
1/4 l Fischfond (siehe Seite 49)
oder Fischfond aus dem Glas
1 Babyananas
2 EL Mehl
1 TL Currypulver
100 g Sahne

So wird's gemacht:

1. Das Steinbuttfilet waschen und trockentupfen. Anschließend in 4 gleichgroße Stücke schneiden. Die Schalotten schälen und fein schneiden.

2. Einen großen, flachen Topf mit 1 Teelöffel Butter einfetten und die Schalotten auf dem Boden verteilen.

3. Den Fisch mit Salz, Pfeffer und dem Zitronensaft würzen und auf die Schalotten legen. Den Topf auf die Herdplatte setzen und den Fischfond angießen. Die Flüssigkeit erhitzen, jedoch nicht kochen lassen. Dann den Fisch zugedeckt 6 bis 10 Minuten bei kleiner Hitze garziehen lassen.

4. In der Zwischenzeit die Babyananas schälen (siehe Seite 6), den Strunk mit einem Apfelausstecher entfernen und die Frucht in 8 Scheiben schneiden.

5. Dann 1/2 Eßlöffel Butter in einer Pfanne erhitzen. Die Ananasscheiben in dem Mehl wenden und in der Butter braten, bis sie goldbraun sind.

6. Den Steinbutt aus dem Sud nehmen und zugedeckt warmstellen. Die Ananasscheiben aus der Pfanne nehmen und ebenfalls warmstellen.

7. Den Sud auf etwa die Hälfte einkochen lassen. Das Currypulver mit dem restlichen 1/2 Eßlöffel Butter verkneten und kalt stellen. Den Fischsud durch ein Sieb in einen anderen Topf gießen und die Sahne hinzufügen. Die Sauce zum Kochen bringen, die Currybutter dazugeben und alles mit einem Pürierstab kurz mixen. Die Sauce mit Salz und Pfeffer abschmecken.

8. Die Steinbuttfilets zusammen mit den Ananasscheiben anrichten und mit der Currysauce übergießen.

Als Beilagen eignen sich Fadennudeln oder Reis mit Tomatenstückchen.

Rotbarbenfilet mit gebratenen Guaven und Curryrisotto

Zubereitungszeit: ca. 1 1/4 Stunden

Sie benötigen für 4 Portionen

Für den Risotto:

1 Schalotte
1/2 Knoblauchzehe
200 g Risottoreis (Rundkornreis, z.B. Carnaroli, Vialone, Arborio)
2 EL Butter
1 TL Currypulver
Salz
150 ml Weißwein
650 ml Fischfond (siehe Seite 49) oder Fischfond aus dem Glas
2 EL geriebenen Parmesan

Außerdem:

4 Rotbarbenfilets mit Haut à 120 g
2 Guaven
2 EL geschälten Sesamsamen
6 EL Pflanzenöl
1 EL Butter
Salz
weißen Pfeffer
2 EL Mehl

So wird's gemacht:

1. Die Schalotte und den Knoblauch schälen und fein schneiden. Den Reis waschen und abtropfen lassen.

2. Dann 2 Eßlöffel Butter in einem Topf erhitzen und Schalotten sowie Knoblauch darin glasig dünsten. Anschließend den Reis dazugeben und unter Rühren ebenfalls glasig werden lassen. Currypulver und Salz hinzufügen, alles noch einmal verrühren und mit dem Weißwein ablöschen.

3. Den Reis im offenen Topf etwa 15 Minuten bei schwacher Hitze köcheln lassen. Dabei immer wieder umrühren und stets soviel Fischfond dazugießen, daß der Reis immer leicht mit Flüssigkeit bedeckt ist.

4. Die Quergräten der Rotbarbenfilets mit Hilfe einer Pinzette oder einer kleinen Zange entfernen. Die Filets waschen und trockentupfen. Die Guaven schälen und in Scheiben schneiden (siehe Seite 17).

5. Wenn der Reis ausgequollen ist, den Topf zur Seite ziehen.

6. Den Sesamsamen auf einen Teller geben. Die Rotbarbenfilets mit Salz und Pfeffer würzen und mit der Hautseite in den Sesamsamen drücken.

7. Das Öl in einer Pfanne erhitzen und die Filets auf der Hautseite darin etwa 3 Minuten knusprig anbraten. (Vorsicht, das Öl darf nicht zu heiß sein, denn sonst verbrennt der Sesam.) Dann wenden, auf der anderen Seite noch etwa 3 Minuten weiterbraten und zugedeckt warmstellen.

8. Die Pfanne mit Küchenpapier ausreiben und die Butter darin erhitzen. Die Guaven mit Salz und Pfeffer würzen, in dem Mehl wenden und in der Butter von beiden Seiten hellbraun anbraten.

9. Den Parmesan und den restlichen 1/2 Eßlöffel Butter in Flöckchen unter den Risotto heben. Der Risotto muß noch leicht flüssig sein. Den Risotto zusammen mit den Rotbarbenfilets und den Guavenscheiben servieren.

Rotbarbenfilet mit Jackfruchtkrapfen und Ingwersauce

Zubereitungszeit: ca. 1 Stunde
Kühlzeit: ca. 20 Minuten

Sie benötigen für 4 Portionen:

Für die Krapfen:

125 g Mehl
1/8 l Weißwein
2 Eigelb
1 Prise Salz
12–16 Jackfruchtsegmente ohne Kerne
2 EL Mehl zum Wenden
2 Eiweiß
1/2 l Pflanzenöl zum Fritieren

Für die Sauce:

4 Schalotten
30 g frischen Ingwer
1 EL Butter
1/2 EL Honig
abgeriebene Schale von 1/2 unbehandelten Zitrone
Saft von 1 Zitrone
1/8 l Fischfond (siehe Seite 49) oder Fischfond aus dem Glas
3–4 EL Crème fraîche
einige Blätter Zitronenmelisse oder Pfefferminze

Für den Fisch:

8 Rotbarbenfilets mit Haut à 60–80 g
Saft von 1/2 Zitrone
Salz
weißen Pfeffer
2 EL Mehl
4 EL Olivenöl

So wird's gemacht:

1. Für den Krapfenteig das Mehl in eine Schüssel sieben und den Wein hineinrühren. Die Eigelbe unterziehen, die Masse salzen und durch ein Sieb passieren. Dann 20 Minuten kalt stellen.

2. Für die Sauce die Schalotten schälen und in feine Würfel schneiden. Den Ingwer schälen und in Streifen schneiden.

3. Die Butter in einem Topf erhitzen und die Schalotten darin glasig dünsten. Den Ingwer kurz mitschwitzen und dann Honig, Zitronenschale und 2/3 des Zitronensafts hinzufügen.

4. Den Fischfond dazugießen und die Flüssigkeit auf etwa die Hälfte einkochen lassen. Die Crème fraîche dazugeben und die Sauce bei schwacher Hitze cremig einkochen.

5. Die Jackfruchtsegmente in 2 Eßlöffeln Mehl wenden und abklopfen. Die Eiweiße steif schlagen und unter den vorbereiteten Krapfenteig ziehen. Das Pflanzenöl in einem hohen Topf auf 180°C erhitzen, die Jackfruchtsegmente durch den Krapfenteig ziehen und im heißen Fett in etwa 8 bis 10 Minuten ausbacken. Danach auf Küchenpapier abtropfen lassen.

6. Die Rotbarbenfilets mit dem Zitronensaft beträufeln und mit Salz und Pfeffer würzen. Danach in dem Mehl wenden und abklopfen. Den Fisch auf der Hautseite im Olivenöl anbraten, dabei mit der Palette leicht auf die Filets drücken. Dadurch wölben sich die Filets nicht zu stark und erhalten außerdem eine knusprige Haut. Die Filets nach etwa 2 Minuten wenden und auf der anderen Seite ebenfalls etwa 2 Minuten braten.

7. Die Melisse oder Minze waschen, in Streifen schneiden und in die Sauce geben. Die Sauce noch einmal aufkochen lassen.

8. Die Rotbarbenfilets zusammen mit den Jackfruchtkrapfen anrichten und die Sauce angießen.
Als Beilage eignet sich Reis.

Gebratene Dorade mit Tamarillosauce und Wildreis

Einweichzeit: 1–2 Stunden
Zubereitungszeit: ca. 3/4 Stunden

Sie benötigen für 4 Portionen:

120 g Wildreis
Salz
4 Tamarillos
4 TL Butter
1 Prise Zucker
1 Spritzer Zitronensaft
2 EL weißen Portwein
300 ml Fischfond (siehe Seite 49)
oder Fischfond aus dem Glas
1 Msp. Cayennepfeffer
4 Doradenfilets mit Haut
à 120–150 g
weißen Pfeffer
2 EL Mehl
5 EL Olivenöl

So wird's gemacht:

1. Den Reis waschen, 1 bis 2 Stunden in kaltem Wasser quellen lassen. Danach abtropfen lassen, in kochendes Salzwasser geben und darin etwa 45 Minuten leicht köcheln lassen. Dann abgießen.
2. Inzwischen die Tamarillos schälen (siehe Seite 44). Das Fruchtfleisch in 8 etwa 1/2 cm dicke Scheiben schneiden, das restliche Fruchtfleisch in Würfel schneiden.
3. 1 Teelöffel Butter in einem Topf erhitzen und die Tamarillowürfel darin anschwitzen. Zucker, Zitronensaft und Portwein dazugeben und alles so lange dünsten, bis die Flüssigkeit fast verkocht ist.
4. Den Fischfond dazugeben und die Tamarillowürfel darin weich kochen. Dann 2 Teelöffel Butter in die Sauce geben und alles mit dem Pürierstab mixen. Die Sauce mit Salz und Cayennepfeffer abschmecken und durch ein Sieb streichen.
5. Die Quergräten der Doradenfilets mit Hilfe einer Pinzette oder einer kleinen Zange entfernen. Die Filets mit Salz und Pfeffer würzen, mit dem Mehl bestäuben und abklopfen.
6. Das Öl in einer Pfanne erhitzen und die Filets auf der Hautseite darin etwa 3 Minuten anbraten. Dabei mit einer Palette leicht auf die Filets drücken, damit sie sich nicht wölben und die Haut schön knusprig wird. Dann wenden und auf der anderen Seite ebenfalls etwa 3 Minuten braten.
7. Den restlichen Teelöffel Butter in einer Pfanne erhitzen und die zurückbehaltenen Tamarilloscheiben darin leicht anbraten. Die Sauce noch einmal erwärmen.
Die Doradenfilets zusammen mit den Tamarilloscheiben, der Sauce und dem Wildreis servieren.

Heilbuttsteak auf Gemüsesauce mit gebackenen Früchten

Zubereitungszeit: ca. 1 Stunde

Sie benötigen für 4 Portionen:

Für den Fisch:
1 Karotte
80 g Knollensellerie
80 g Lauch
2 EL kalte Butter
Salz, weißen Pfeffer
300 ml Fischfond (siehe Seite 49)
oder Fischfond aus dem Glas
Saft von 1/2 Zitrone
4 Heilbuttsteaks à 200 g
einige Blättchen Estragon

Für die Früchte:
1 Banane, 1 Kiwi
1 Pfirsich
1 Grapefruit
5 EL Mehl
2 Eier
200 g Semmelbrösel
100 ml Pflanzenöl

So wird's gemacht:

1. Für die Sauce das Gemüse schälen bzw. putzen und waschen. Danach in feine Würfel schneiden.
2. 1/2 Eßlöffel Butter in einer flachen Kasserolle schmelzen lassen und die Gemüsewürfel darin anschwitzen. Mit Salz und Pfeffer würzen und den Fischfond dazugießen. Den Zitronensaft hinzufügen, die Flüssigkeit zum Kochen bringen. Die Hitze reduzieren.
3. Die Heilbuttsteaks mit Salz und Pfeffer würzen und nach 5 Minuten auf das Gemüse legen. Den Fisch bei geschlossenem Deckel und schwacher Hitze 10 Minuten garziehen lassen.
4. Die Banane schälen und schräg in 1 cm dicke Scheiben schneiden. Die Kiwi schälen und in 5 mm dicke Scheiben schneiden. Den Pfirsich waschen, halbieren, den Stein entfernen und das Fruchtfleisch mit der Schale in Spalten schneiden. Die Grapefruit schälen und die Filets herausschneiden (siehe Seite 17).
5. Alle Früchte auf Küchenpapier legen und trockentupfen. Danach in dem Mehl wenden. Die Eier verquirlen, die Fruchtstücke durch die Eimasse ziehen und zum Schluß in den Semmelbröseln wenden. Die Panierung gut andrücken.
6. Das Pflanzenöl in einer tiefen Pfanne erhitzen und die Früchte goldbraun darin ausbacken. Danach auf Küchenpapier abtropfen lassen und warmhalten.
7. Die Heilbuttsteaks aus dem Gemüsesud nehmen und warmstellen. Den Sud kurz aufkochen lassen und die restlichen 1 1/2 Eßlöffel kalte Butter flöckchenweise in die nicht mehr kochende Flüssigkeit einrühren bis eine Emulsion entstanden ist.
8. Den Estragon waschen, fein schneiden, in die Sauce geben und diese salzen und pfeffern.
9. Die Heilbuttsteaks anrichten, mit der Sauce übergießen und mit den gebackenen Früchten garnieren.

Seezungenschleifen im Früchtesud

Zubereitungszeit: ca. 1 Stunde

Sie benötigen für 4 Portionen:

8 Seezungenfilets à ca. 80 g
1 Karotte
100 g Stangensellerie
1 EL Butter
Salz
weißen Pfeffer
1 Cherimoya
2 Orangen
1 Limette
1 EL eingelegte rote Pfefferkörner
1 Zweig Zitronenmelisse oder Pfefferminze

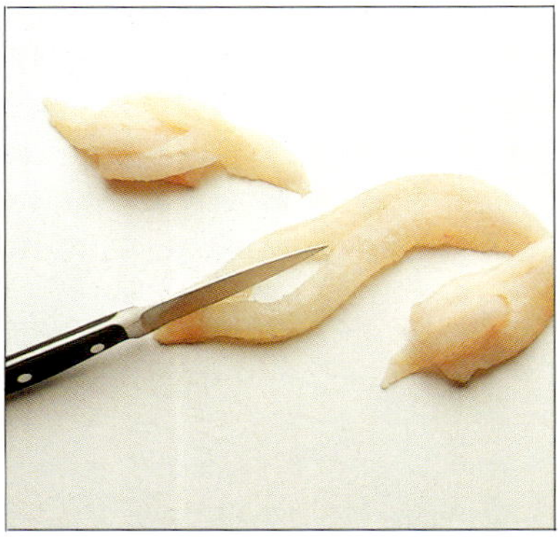

So wird's gemacht:

1. Den Backofen auf 220°C vorheizen. Die Seezungenfilets waschen und trockentupfen. Dann jeweils am dicken Teil des Filets einen 2 cm langen Schnitt machen und die Filetspitze durch den entstandenen Schlitz ziehen, so daß eine Schleife entsteht.

2. Die Karotte und den Sellerie schälen und in feine Streifen schneiden. Das Gemüse kurz blanchieren und abschrecken.

3. Eine feuerfeste Form mit ½ Eßlöffel Butter einfetten, die Gemüsestreifen auf dem Boden gleichmäßig verteilen und mit Salz und Pfeffer leicht würzen.

4. Den Saft der halbierten Früchte auspressen und durch ein Sieb passieren.

5. Die Seezungenschleifen mit Salz und Pfeffer würzen und auf das Gemüse legen.

6. Den restlichen ½ Eßlöffel Butter in Flöckchen auf den Filets verteilen und den Fruchtsaft dazugießen. Die Form mit einem Deckel oder mit Alufolie verschließen und die Filets im Backofen 10 bis 12 Minuten garen.

7. Anschließend die Form aus dem Ofen nehmen, die roten Pfefferkörner in den Sud geben und alles mit der Melisse oder Minze garnieren. Den Fisch im Sud servieren.
Dazu passen Kartoffeln oder Reis.

Variation

Statt Seezungenschleifen können Sie auch Zander mit Zanderfarce im Früchtesud garen. Dazu 80 g Zanderfilet fein würfeln, gut kühlen und dann im Mixer pürieren. Dabei nach und nach 100 g eiskalte Sahne hinzugießen, bis eine Emulsion entsteht. Die Farce durch ein Sieb streichen und auf 4 Stücke Zanderfilet (à 130 g) streichen. Die Zanderfilets im Früchtesud (ohne Zugabe von Butterflöckchen) 12 bis 15 Minuten garen.

Seeteufelmedaillons auf Auberginen und Kokosnußsauce

Zubereitungszeit: ca. 1 Stunde

Sie benötigen für 4 Portionen:

- 1 Aubergine (ca. 500 g)
- Salz
- 600 g Seeteufelfilet
- Saft von 1 Zitrone
- ½ TL Kurkuma (Gelbwurzpulver)
- 140 ml Öl
- 1 Knoblauchzehe, 2 Schalotten
- 1 EL Butter
- 1 Msp. Chilipulver
- ¼ l Kokosnußmilch (Seite 26)
- 1 EL gehackte, glatte Petersilie
- Pfeffer
- 1 EL Mehl

So wird's gemacht:

1. Die Aubergine mit heißem Wasser waschen und abtrocknen. Danach in 5 mm dicke Scheiben schneiden und diese mit Salz bestreuen. Die Scheiben 20 Minuten ziehen lassen.

2. Das Seeteufelfilet waschen, trockentupfen und in 40 g schwere Medaillons schneiden. Diese mit dem Zitronensaft beträufeln.

3. Den Saft der Auberginen abgießen. Die Scheiben auf ein Tuch legen und trockentupfen. Anschließend mit dem Kurkuma bestreuen und dieses verreiben.

4. 100 ml Öl in einer großen Pfanne erhitzen und die Auberginenscheiben darin von beiden Seiten anbraten. Sie sollten aber hell bleiben und nicht braun werden. (Sollte die Pfanne nicht groß genug sein, die Auberginenscheiben portionsweise braten.) Die Scheiben anschließend auf Küchenpapier abtropfen lassen.

5. Den Knoblauch und die Schalotten schälen und fein schneiden. Die Butter in einer tiefen Pfanne erhitzen und den Knoblauch und die Schalotten darin goldgelb anschwitzen. Dann mit dem Chilipulver bestreuen und die Kokosmilch dazugießen.

6. Die Auberginenscheiben in die Sauce geben und bei kleiner Hitze gar köcheln, bis die Sauce eingedickt ist. Die Pfanne zur Seite ziehen und die Petersilie in die Sauce streuen.

7. Die Seeteufelmedaillons mit Salz und Pfeffer würzen, in dem Mehl wenden und in den restlichen 4 Eßlöffeln Öl auf beiden Seiten 2 bis 3 Minuten goldbraun braten.

8. Die Auberginen mit der Sauce anrichten und die Medaillons darauf geben.
Das Gericht mit Kräuterreis oder Weißbrot servieren.

Gebratene Garnelen mit Orangennudeln und Orangensauce

Zubereitungszeit: ca. 1 Stunde
Ruhezeit: ca. 1/2 Stunde

Sie benötigen für 4 Portionen:

Für die Nudeln:

abgeriebene Schale von
1 unbehandelten Orange
Saft von 2 Orangen
4 Eigelb, 1 Ei
1 Prise Salz
2 EL Olivenöl
1 TL feingeschnittenen Estragon
100 g Weizenmehl Type 550
ca. 200 g Weizenmehl Type 405

Für die Sauce:

10 g frischen Ingwer
2 Schalotten
1 Karotte
80 g Sellerie
1 TL Butter
Salz, weißen Pfeffer
Saft von 3 Orangen
1/8 l Fischfond (siehe Seite 49)
oder Fischfond aus dem Glas
2 EL kalte Butterwürfel

Für die Garnelen:

12 rohe Garnelen mit Schale
Salz, weißen Pfeffer
60 ml Olivenöl
1/2 Knoblauchzehe
1 Zweig Thymian

So wird's gemacht:

1. Für den Nudelteig Orangenschale und Orangensaft in einem Topf bei mäßiger Hitze auf etwa 3 Eßlöffel einreduzieren und dann abkühlen lassen.

2. Die Eigelbe und das Ei in eine Schüssel geben, das Salz dazugeben und alles mit dem Schneebesen verquirlen, bis sich die Eier dunkler verfärben. Olivenöl, reduzierten Orangensaft und Estragon darunterrühren.

3. Dann zuerst das Weizenmehl Type 505 untermengen und anschließend nach und nach die zweite Mehlsorte unterarbeiten. Den Teig zu einer glatten, festen Kugel kneten. Wenn der Teig zu weich sein sollte, noch etwas Mehl unterarbeiten.

4. Den Nudelteig in Klarsichtfolie einschlagen und im Kühlschrank etwa 1/2 Stunde ruhen lassen.

5. Für die Orangensauce den Ingwer schälen und fein hacken. Die Schalotten schälen und fein würfeln. Karotte und Sellerie schälen und in kleine Würfel schneiden.

6. Die Butter in einem Topf erhitzen und den Ingwer hineingeben. Dann die Schalotten-, Karotten- und Selleriewürfel dazugeben, alles anschwitzen lassen und mit Salz und Pfeffer würzen.

7. Den Orangensaft angießen und bei schwacher Hitze auf etwa die Hälfte reduzieren lassen. Dann den Fischfond aufgießen und die Flüssigkeit wieder auf die Hälfte einkochen lassen.

8. Den Nudelteig auf einer bemehlten Arbeitsfläche dünn ausrollen und in lange, dünne Streifen schneiden. Die Nudeln in reichlich Salzwasser bißfest kochen und anschließend in ein Sieb schütten.

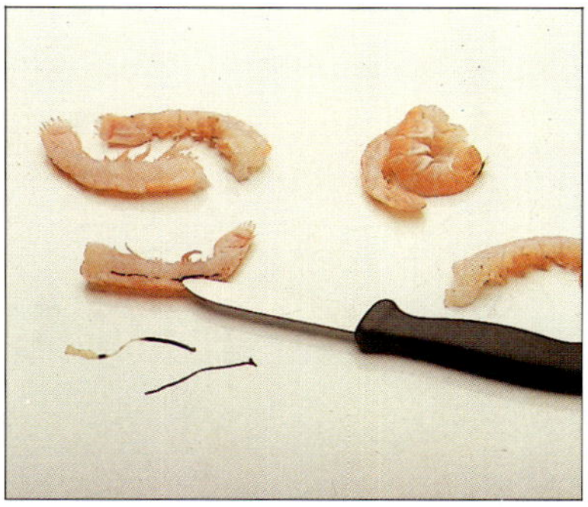

9. In der Zwischenzeit von den Garnelen den Kopf abdrehen. Die Schwänze mit der Schale halbieren und die Därme auf der Rückenseite entfernen. Die Garnelen waschen und trockentupfen. Das Fleisch mit Salz und Pfeffer würzen.

10. Das Olivenöl in einer Pfanne erhitzen und die Garnelenhälften auf den Fleischseiten 1 bis 2 Minuten braten. Dann wenden und nochmals 2 bis 3 Minuten braten. Den geschälten und feingehackten Knoblauch und den gewaschenen und feingeschnittenen Thymian dazugeben.

11. Die Orangennudeln mit zwei Gabeln zu kleinen Nestern aufdrehen und in tiefe Teller geben. Dann die Garnelenhälften jeweils rundherum anordnen.

12. Die kalten Butterwürfel in die nicht mehr kochende Sauce einrühren. Diese mit Salz und Pfeffer abschmecken und über die Garnelenhälften gießen.

Garnelen im Safranteig mit Cherimoyasauce

Ruhezeit: ca. 1/2 Stunde
Zubereitungszeit: ca. 1 Stunde

Sie benötigen für 4 Portionen:

Für den Teig:

- 120–140 g Mehl
- 150 ml Weißwein
- 1 EL Öl
- 1 Prise Salz
- 1 Prise Zucker
- 2–3 Msp. Safranpulver
- 1 Eigelb
- 1 Eiweiß

Für die Sauce:

- 1 Cherimoya
- 2 Schalotten
- 1 Knoblauchzehe
- 1 TL Butter
- 1/8 l Weißwein
- Salz
- weißen Pfeffer
- 1 TL Honig
- 3–4 Tropfen Tabasco
- 100 g Crème fraîche

Außerdem:

- 24 Riesengarnelen à 50–60 g (ohne Schalen und Köpfe)
- Saft von 1/2 Zitrone
- Salatblätter der Saison zum Garnieren
- 3/4 l Pflanzenöl zum Fritieren
- Salz
- weißen Pfeffer
- 4 EL Mehl
- 2 Zitronen

So wird's gemacht:

1. Für den Teig das Mehl in eine Schüssel sieben. Den Wein mit Öl, Salz, Zucker, Safranpulver und Eigelb verrühren und die Flüssigkeit unter das Mehl rühren. Der Teig soll glatt und zähflüssig sein. Den Teig etwa 1/2 Stunde im Kühlschrank ruhen lassen.

2. Die Cherimoya halbieren, das Fruchtfleisch mit einem Löffel herausschaben (siehe Annone Seite 7) und durch ein Sieb streichen. Schalotten und Knoblauch schälen und fein schneiden.

3. Die Butter in einem Topf erhitzen und Schalotten sowie Knoblauch darin glasig schwitzen. Die Cherimoyamasse dazugeben und alles mit dem Weißwein ablöschen. Die Sauce auf etwa die Hälfte einreduzieren lassen und mit Salz, Pfeffer, Honig und Tabasco würzen. Dann durch ein Sieb passieren und abkühlen lassen.

4. Die Garnelen waschen, der Länge nach am Rücken aufschneiden und die schwarzen Darmfäden entfernen. Das Fleisch mit dem Zitronensaft beträufeln.

5. Die Salatblätter zum Garnieren putzen, waschen und abtropfen lassen.

6. Das Eiweiß steif schlagen und unter den Safranteig heben.

7. Das Öl in einem hohen Topf auf 180°C erhitzen.

8. Die Garnelen mit Salz und Pfeffer würzen, in dem Mehl wenden und mit einer Gabel durch den Safranteig ziehen. Die Garnelen im heißen Öl goldbraun ausbacken.

9. Die kalte Cherimoyasauce mit der Crème fraîche verrühren und mit Salz, Pfeffer und Tabasco nochmals abschmecken.

10. Die Zitronen in Spalten oder Scheiben schneiden und die Garnelen damit anrichten. Mit den Salatblättern garnieren und zusammen mit der Cherimoyasauce servieren.

Die Garnelen beim Essen mit Zitronensaft beträufeln und in die kalte Sauce dippen.

Garnelenspieße mit Mangoreis

Zubereitungszeit: ca. 3/4 Stunden

Sie benötigen für 4 Portionen:

Für den Reis:

- 1 feste Mango
- 1 mittelgroße Zwiebel
- 200 g Langkornreis
- 3 EL Butter
- 400 ml Geflügelfond (siehe Seite 48) oder Geflügelfond aus dem Glas
- 1/2 Lorbeerblatt
- Prise Salz

Für die Spieße:

12 Riesengarnelen à 50–60 g
(ohne Schalen und Köpfe, aber mit
Schwanzflossen)
12–16 Perlzwiebeln aus dem Glas
Salz
weißen Pfeffer
6 EL Öl

So wird's gemacht:

1. Den Backofen auf 180°C vorheizen.

2. Die Mango schälen, das Fruchtfleisch vom Stein abschneiden (siehe Seite 30) und in 1 cm große Würfel schneiden. Die Zwiebel schälen und fein würfeln. Den Reis waschen und abtropfen lassen.

3. Nun 2 Eßlöffel Butter in einem flachen Topf erhitzen und die Zwiebel darin glasig schwitzen. Den Reis dazugeben und unter Rühren glasig werden lassen.

4. Dann die Mangowürfel hinzufügen, alles verrühren und mit dem Geflügelfond aufgießen. Das Lorbeerblatt und das Salz dazugeben und den Topf mit einem Deckel verschließen. Den Topf in den Backofen stellen und den Mangoreis etwa 20 Minuten garen (nicht umrühren).

5. In der Zwischenzeit die Garnelenschwänze der Länge nach am Rücken aufschneiden und die schwarzen Darmfäden entfernen. Die Garnelen abwechselnd mit den Perlzwiebeln auf Spieße stecken.

6. Den Reis aus dem Backofen nehmen (er ist gar, wenn die gesamte Flüssigkeit verkocht ist) und in eine Schüssel geben. Den restlichen Eßlöffel Butter in Flöckchen unterziehen und den Reis warmhalten.

7. Das Öl in einer großen Pfanne erhitzen. Die Garnelenspieße mit Salz und Pfeffer würzen und in dem Öl 4 bis 6 Minuten braten.

8. Den Mangoreis auf Tellern anrichten und die Garnelenspieße dazu servieren. Dazu paßt ein trockener Weißwein.

Gebratene Jakobsmuscheln auf Maracujasauce

Zubereitungszeit: ca. 1 Stunde

Sie benötigen für 4 Portionen:

650 g frisches Jakobsmuschelfleisch
2 Maracujas
½ EL Zucker
1 EL Sojasauce
300 ml dunkle Kalbsjus (siehe Seite 48) oder Kalbsfond aus dem Glas
100 g Glasnudeln
1 Karotte
1 kleine Stange hellgrünen Lauch (ca. 100 g)
100 g Kohlrabi
1½ EL Butter
Salz
weißen Pfeffer
2 EL Pflanzenöl
1 Msp. Ingwerpulver
1 Prise Cayennepfeffer
1 TL Speisestärke

So wird's gemacht:

1. Das Muschelfleisch unter fließendem Wasser gründlich waschen. Dann abtropfen lassen.

2. Die Maracujas halbieren und das Fruchtfleisch mit einem Löffel herausschaben (siehe Passionsfrucht Seite 37). Das Fruchtfleisch durch ein Sieb streichen und dabei den Saft auffangen.

3. Den Zucker in einem Topf schmelzen und karamelisieren lassen. Dann mit dem Maracujasaft ablöschen und diesen auf etwa ein Drittel einreduzieren lassen. Die Sojasauce dazugeben und die Kalbsjus oder den Fond angießen. Die Sauce bei schwacher Hitze auf die Hälfte einkochen lassen.

4. Die Glasnudeln etwa 10 Minuten in heißem Wasser quellen lassen, dann abgießen und gut abtropfen lassen.

5. Das Gemüse waschen, putzen und in feine Streifen schneiden.

6. Dann 1 Eßlöffel Butter in einem Topf aufschäumen lassen, die Gemüsestreifen hinzufügen, salzen und bei geschlossenem Deckel bei schwacher Hitze einige Minuten dünsten, bis sie gar sind. Sollte die Flüssigkeit nicht ausreichen, etwas Wasser dazugeben.

7. Das Muschelfleisch mit Küchenpapier trockentupfen und mit einem Messer halbieren. Die Scheiben mit Salz und Pfeffer würzen.

8. Das Öl in einer Pfanne erhitzen und die Muschelscheiben auf jeder Seite etwa 1 Minute darin braten. Zum Schluß den restlichen ½ Eßlöffel Butter in die Pfanne geben und die Muscheln kurz darin nachbraten.

9. Die Sauce mit Salz, Ingwerpulver und Cayennepfeffer würzen und mit der in wenig kaltem Wasser angerührten Speisestärke binden.

10. Die Glasnudeln zum Gemüse geben. Alles zusammen erhitzen und mit Salz abschmecken. Das Gemüse in der Mitte der Teller anrichten. Rundherum einen dünnen Saucenspiegel angießen und die gebratenen Jakobsmuschelscheiben darauf anrichten.

Muschelragout mit Litschis und rosa Grapefruit

Zubereitungszeit: ca. 3/4 Stunden

Sie benötigen für 4 Portionen:

3 kg Miesmuscheln
2 Schalotten
1 Knoblauchzehe
1 Karotte
60 g Stangensellerie
1 rosa Grapefruit
16 Litschis
4 EL Olivenöl
400 ml Weißwein
1 EL feingeschnittene Pfefferminze

So wird's gemacht:

1. Die Miesmuscheln unter fließendem Wasser gründlich abbürsten. Bereits geöffnete Muscheln wegwerfen, bei den übrigen den struppigen Bart mit einem Messer abschneiden. Die Muscheln mehrmals gründlich waschen, dann abtropfen lassen.

2. Die Schalotten und den Knoblauch schälen und fein schneiden. Karotte und Stangensellerie waschen, putzen und in feine Würfel schneiden.

3. Die Grapefruit schälen, die Filets herausschneiden (siehe Seite 17) und den Saft aus den zurückgebliebenen Scheidewänden in eine Schüssel pressen. Die Litschis schälen, halbieren und entkernen (siehe Seite 28).

4. Das Olivenöl in einem großen flachen Topf erwärmen und Schalotten sowie Knoblauch darin glasig schwitzen. Das Gemüse darin ebenfalls kurz andünsten.

5. Die Muscheln hinzufügen, kurz anschwitzen und mit dem Weißwein ablöschen. Den Topf mit einem Deckel verschließen und die Muscheln 8 bis 10 Minuten garen, bis sie sich öffnen.

6. Nach etwa 7 Minuten den Grapefruitsaft, die -filets und die Litchis dazugeben. Ungeöffnete Muscheln herauslesen und wegwerfen (sie sind verdorben). Das Muschelragout mit der Minze bestreuen und in tiefen Tellern servieren.

Frisches Stangenweißbrot dazu reichen und einen trockenen Weißwein dazu servieren.

Desserts

Durch das immer größer werdende Angebot von Früchten, mit zum Teil völlig neuen Geschmacksrichtungen, werden unzählige neue Kombinationen möglich. Gerade die „süße Küche" bietet viel Spielraum für heimische und exotische Früchte und wird wohl jedes „Schleckermäulchen" begeistern. Lassen Sie sich von den folgenden Rezepten überraschen!

Exotischer Fruchtsalat

Zubereitungszeit: ca. 20 Minuten
Marinierzeit: ca. 1/4 Stunde

Sie benötigen für 4–6 Portionen:
1 rosa Grapefruit
2 Orangen
1 Mango
1 kleine Honigmelone
2 Mangostane
1 Tamarillo
1 Kiwi
2 EL Maraschino oder weißen Rum
4 EL Läuterzucker (siehe Seite 49)
einige Blätter Pfefferminze

So wird's gemacht:

1. Die Grapefruit und die Orangen schälen, die Filets herausschneiden (siehe Seite 17) und den Saft aus den zurückgebliebenen Scheidewänden in eine Schüssel pressen.

2. Die Mango schälen, halbieren und den Stein herauslösen (siehe Seite 30). Das Fruchtfleisch in Spalten schneiden. Die Melone halbieren, entkernen und aus dem Fruchtfleisch kleine Kugeln ausstechen (siehe Seite 32). Die Mangostane schälen und das Fruchtfleisch in die einzelnen Segmente zerteilen (siehe Seite 31). Die Tamarillo (siehe Seite 44) und die Kiwi schälen und beide in Scheiben schneiden.

3. Den Maraschino oder den Rum zu den Zitrussäften geben und zusammen mit dem Läuterzucker verrühren. Die Pfefferminze waschen, trockentupfen, in Streifen schneiden und unter die Marinade rühren.

4. Die Früchte auf Tellern anrichten, mit der Marinade übergießen und kühlstellen und etwa 1/4 Stunde marinieren lassen. Dann servieren.

Rumpflaumen mit zweierlei Mousse au chocolat

Zubereitungszeit: ca. 1 Stunde
Zeit zum Saftziehen: ca. ½ Stunde
Zeit zum Durchziehen:
mind. 12 Stunden
Kühlzeit für die Mousse:
ca. 2 Stunden

Sie benötigen für 10–12 Portionen:

Für die Rumpflaumen:

1 kg Pflaumen
300 g Zucker
150 ml Rum
½ Zimtstange
⅛ l Rotwein

Für die dunkle Mousse:

200 g Bitterkuvertüre
50 g Vollmilchkuvertüre
450 g Sahne
1 Eiweiß
1 Ei
1 Eigelb
2 EL Rum

Für die helle Mousse:

250 g weiße Kuvertüre
250 g Sahne
1 Eiweiß
1 Ei
1 Eigelb
1 Blatt weiße Gelatine
2 EL Grand Marnier

Zum Garnieren:

Schokoladensplitter,
gehackte Nüsse oder Pistazien

So wird's gemacht:

1. Die Pflaumen waschen, abtropfen lassen, vierteln und entsteinen. Dann in einen Topf geben und zusammen mit dem Zucker, dem Rum und der Zimtstange ½ Stunde Saft ziehen lassen.

2. Anschließend den Rotwein dazugeben und die Pflaumen unter Rühren zum Kochen bringen. Einmal aufkochen lassen, eventuell abschäumen. Den Topf vom Feuer ziehen, mit einem Deckel verschließen, die Pflaumen 12 Stunden oder über Nacht durchziehen lassen.

3. Für die dunkle Mousse die Kuvertüre mit einem Messer kleinschneiden und in einer Metallschüssel im Wasserbad schmelzen lassen. Die Schokolade darf nicht zu heiß werden.

4. Die Sahne steif schlagen und beiseite stellen. Das Eiweiß ebenfalls steif schlagen. Das Ei und das Eigelb in eine Metallschüssel geben und im Wasserbad lauwarm schlagen.

5. Die Kuvertüre zu dem Ei geben und rasch verrühren. Den Rum dazugießen und unterrühren. Dann den Eischnee unterziehen und nach und nach die geschlagene Sahne unterheben. Diese Arbeitsschritte müssen rasch durchgeführt werden, da die Schokolade schnell abkühlt. Die Mousse in eine Schüssel füllen, abdecken und etwa 2 Stunden kühl stellen.

6. Die helle Mousse mit den im Rezept dafür angegebenen Zutaten auf die gleiche Weise zubereiten, mit dem Unterschied, daß der Eimasse auf dem Wasserbad zusätzlich in kaltes Wasser eingeweichte Gelatine beigegeben wird. Dann die Mousse in eine Schüssel füllen, abdecken und etwa 2 Stunden kühl stellen.

7. Von beiden Moussesorten mit einem in heißes Wasser getauchten Löffel Nocken abstechen, diese auf Teller geben und mit den Rumpflaumen anrichten. Das Dessert nach Belieben mit Schokoladensplittern, Nüssen oder Pistazien garnieren.

Hinweis: Da die Mousse rohe Eier enthält, sollte sie ausreichend kühl stehen und bald nach der Zubereitung verzehrt werden.

Rotweinbirne

Zubereitungszeit: ca. 1 1/2 Stunden
Zeit zum Durchziehen: 1 Tag
Ruhezeit: ca. 1/2 Stunde

Sie benötigen für 4 Portionen:

- 3/4 l Rotwein
- Saft von 1/2 Zitrone
- Saft von 1 Orange
- 2 Nelken
- 1/2 Zimtstange
- 2 Pimentkörner
- 1 Msp. Ingwerpulver
- 150 g Zucker
- 4 Birnen mit Stiel (z.B. Williamsbirnen)
- 3 Eigelb
- 8 kleine Kugeln Vanille-, Schokoladen- oder Karameleis
- Minzeblättchen zum Garnieren

So wird's gemacht:

1. Den Rotwein zusammen mit dem Zitronen- und dem Orangensaft in einen Topf geben. Die Gewürze und den Zucker hinzufügen und die Flüssigkeit zum Kochen bringen.
2. Die Birnen schälen, dabei den Stiel nicht entfernen. Anschließend halbieren, dabei den Stiel in der Mitte durchschneiden, dann die Kerngehäuse herausschneiden.
3. Die Birnenhälften in den kochenden Rotwein geben und bei schwacher Hitze köcheln lassen. Die Birnen sollen nicht zu weich werden.
4. Dann den Topf vom Feuer nehmen, mit einem Deckel verschließen und die Birnen in dem Rotwein 1 Tag durchziehen lassen.
5. Am nächsten Tag die marinierten Birnenhälften in einem Sieb abtropfen lassen, die Rotweinmischung dabei auffangen. Die Birnen fächerförmig einschneiden.
6. Dann 1/8 l der Rotweinmischung mit den 3 Eigelben verrühren und die Masse auf einem warmen Wasserbad zu einem Sabayon aufschlagen. Danach die Creme ein wenig kalt schlagen.
7. Je 2 Birnenfächer auf einem Teller anrichten, etwas Rotweinsabayon angießen und je 2 Eiskugeln dazugeben. Das Dessert mit der Minze garnieren.

Variation

Statt Birnen können Sie auch Nashi oder süße Äpfel nehmen.

Gefüllte Datteln auf weißer Mokkasauce mit Ananaseis

Zubereitungszeit: ca. 1 Stunde
Gefrierzeit: ca. 3 Stunden

Sie benötigen für 4 Portionen:

Für die Sauce:

- 300 ml Milch
- 80 g Zucker
- 3 EL geröstete Mokkabohnen
- 4 Eigelb
- 2 EL geschlagene Sahne

Für das Eis:

- 150 g Ananas ohne Schale
- 1/4 l Milch
- 125 g süße Sahne
- 4 Eigelb
- 3 EL Zucker

Für die Datteln:

- 20 frische Datteln
- 100 g Marzipanrohmasse
- 2 EL Puderzucker
- 2 EL Maraschino
- 50 g geriebene Pistazien

Zum Garnieren:

- Pfefferminze, gehackte Nüsse oder Schokoladenstreusel

So wird's gemacht:

1. Für die Sauce die Milch zusammen mit dem Zucker und den Mokkabohnen in einen Topf geben und zum Kochen bringen. Den Topf vom Feuer nehmen und die Bohnen darin 10 Minuten ziehen lassen. Dann die Milch durch ein Sieb geben.
2. Für das Eis die Hälfte der Ananas in kleine Würfel schneiden. Den Rest der Frucht zusammen mit dem Zucker und 2 Eßlöffeln Wasser in einen Topf geben. Die Ananas darin erhitzen und anschließend mit dem Mixstab pürieren. Die Ananaswürfel dazugeben und bei schwacher Hitze etwa 5 Minuten kochen lassen.
3. Die Milch zusammen mit der Sahne in einem Topf zum Kochen bringen.
4. Dann 4 Eigelbe zusammen mit dem Zucker in einem Topf cremig, aber nicht schaumig schlagen. Die Milch-Sahne-Mischung vorsichtig über die Eiermasse gießen, noch einmal kurz erhitzen und dabei mit einem Holzlöffel rühren, bis die Masse cremig gebunden ist. Sie darf dabei auf keinen Fall aufkochen.
5. Die Eismasse durch ein Sieb zu der Ananas streichen, gut verrühren und erkalten lassen. Dann in eine Metallschüssel füllen und sie zugedeckt ins Tiefkühlgerät stellen. Nach etwa 20 Minuten die Eismassen gut durchrühren, dann wieder kalt stellen. Alle 20 Minuten durchrühren (Gesamtgefrierzeit etwa 3 Stunden), bis das Eis cremig ist.
6. Die 4 Eigelbe für die Sauce in eine Metallschüssel geben und schaumig rühren. Die Mokkamilch dazugeben und die Sauce im warmen Wasserbad so lange cremig schlagen, bis sie bindet. Dann die Sauce durch ein Sieb passieren und kalt stellen.
7. Nun die Datteln mit einem kleinen Messer an einer Seite der Länge nach bis zum Kern aufschneiden. Den Kern mit der

Messerspitze herausnehmen, die Datteln ganz durchschneiden und den Stielansatz der Datteln herausschneiden.

8. Das Marzipan mit Puderzucker, Maraschino und drei Vierteln der Pistazien verkneten. Aus der Masse zunächst kleine Kugeln und dann längliche Würste formen. Sie sollen etwas größer als ein Dattelkern sein.

9. Die Marzipanwürste in die Datteln geben und mit den Fingern leicht andrücken. Das Marzipan muß noch gut sichtbar sein. Dann die Datteln mit den restlichen Pistazien bestreuen und 10 Minuten kühl stellen.

10. Die Mokkasauce im Mixer aufrühren und die geschlagene Sahne unterheben.

11. Einen Saucenspiegel auf die Teller gießen, die Datteln sternförmig darauf anrichten und je eine große Kugel Ananaseis in die Mitte setzen. Das Dessert nach Belieben mit Pfefferminze, gehackten Nüssen oder Schokoladenstreuseln garnieren.

Tip

Wenn Sie eine Eismaschine besitzen, können Sie unter Schritt 5 wie folgt verfahren. Die Eismasse in die Maschine füllen und cremig gefrieren lassen. Anschließend das Eis im Tiefkühlfach aufbewahren.

Marinierter Pfirsich mit Himbeersabayon

Zubereitungszeit: ca. 35 Minuten
Marinierzeit: ca. 2 Tage

Sie benötigen für 4 Portionen:

Für die Pfirsiche:

½ l halbtrockenen Weißwein
2 EL Zucker
1 unbehandelte Zitrone
4 EL Pfirsichlikör
4 reife Pfirsiche

Für das Sabayon:

150 g frische Himbeeren
2 EL Puderzucker
3 Eigelbe
100 g geschlagene Sahne

Außerdem:

Schokoladensplitter
2 EL gehackte Pistazien
oder Krokant

So wird's gemacht:

1. Den Wein in einen Topf geben und den Zucker einrühren. Die Schale der Zitrone mit einem Messer spiralförmig dünn abschälen. Den Saft auspressen und beides zum Wein geben. Den Likör hinzufügen und das Ganze zum Kochen bringen.

2. Die Pfirsiche kurz in kochendes Wasser tauchen, kalt abschrecken und die Haut abziehen. Die Früchte in eine nicht zu große Schüssel geben.

3. Den kochenden Sud über die Pfirsiche gießen, sie müssen ganz damit bedeckt sein. Die Schüssel mit Klarsichtfolie abdecken und die Früchte etwa 2 Tage marinieren lassen.

4. Die Himbeeren waschen, kurz pürieren und durch ein feines Sieb in eine Metallschüssel streichen. Den Puderzucker und die Eigelbe dazugeben und alles miteinander verrühren. Dann ⅛ l der Pfirsichmarinade hinzufügen und die Masse in einem warmen Wasserbad zu einem festen Sabayon aufschlagen, bis die Konturen des Schneebesens deutlich sichtbar sind.

5. Das Sabayon nun in ein kaltes Wasserbad stellen und kaltschlagen. Dann 3 Eßlöffel der geschlagenen Sahne unterheben.

6. Die Pfirsiche aus der Marinade nehmen und abtropfen lassen. Das Sabayon auf vier Teller verteilen, je 1 Pfirsich hineinsetzen und mit der restlichen geschlagenen Sahne garnieren. Die Schokolade auf die Sahne geben und die Pistazien oder den Krokant darüberstreuen. Das Dessert sofort servieren.

Passionsfruchtsabayon

Zubereitungszeit: ca. ¼ Stunde

Sie benötigen für 4–6 Portionen:

6 Passionsfrüchte
Saft von 2 Orangen
6 Eigelb
120 g Zucker
⅛ l trockenen Weißwein

So wird's gemacht:

1. Die Passionsfrüchte halbieren, das Fruchtfleisch mit einem Löffel herausschaben (siehe Seite 37) und in einen Topf geben.

2. Den Orangensaft dazugießen, das Ganze mit dem Mixer verquirlen und zum Kochen bringen.

3. Anschließend durch ein Sieb in eine Metallschüssel passieren und abkühlen lassen. Die Eigelbe, den Zucker und den Weißwein hinzufügen und unterrühren.

4. Die Masse in einem warmen Wasserbad schaumig schlagen, bis die Konturen des Schneebesens deutlich sichtbar sind. Das Sabayon vorsichtig in Gläser füllen und sofort servieren.

Birnensorbet

Zubereitungszeit: ca. 35 Minuten
Gefrierzeit: ca. 2 Stunden

Sie benötigen für 4–6 Portionen:

2 Blatt weiße Gelatine
1,5 kg reife Birnen (z.B. Alexander Lukas, Seite 11)
Saft von 1 Zitrone
2 EL Birnenschnaps
Sekt, Champagner oder Birnenschnaps nach Belieben

So wird's gemacht:

1. Die Gelatine in kaltem Wasser einweichen. Die Birnen waschen, vierteln und die Kerngehäuse herausschneiden. Das Fruchtfleisch mit der Schale in Stücke schneiden.
2. Die Birnenstücke in einen Mixaufsatz geben, den Zitronensaft und den Schnaps dazugeben und alles rasch zerkleinern, damit es nicht braun wird. Die Gelatine gut ausdrücken, in einem kleinen Topf bei schwacher Hitze vorsichtig auflösen und unter die Masse ziehen. Anschließend alles durch ein Sieb passieren.

3. Die Birnenmasse sofort in eine Metallschüssel geben und zugedeckt ins Tiefkühlgerät stellen. Nach etwa 20 Minuten herausnehmen, die Eiskristalle am Schüsselrand und von der Oberfläche unterrühren. Dann wieder ins Tiefkühlgerät stellen. Das Sorbet etwa 2 Stunden tiefkühlen und alle 20 Minuten, wie vorne beschrieben, umrühren. Zum Schluß sollte es cremig gefrostet sein.

4. Das Sorbet entweder mit einem Spritzbeutel mit Sterntülle in vorgekühlte Gläser spritzen oder Kugeln herauslösen und diese in Gläser geben. Nach Belieben mit Sekt, Champagner oder Birnenschnaps begießen.

Mandarinensorbet

Zubereitungszeit: ca. 1/4 Stunde
Gefrierzeit: ca. 2 Stunden

Sie benötigen für 8 Portionen:

ca. 1 kg Mandarinen
200 ml Läuterzucker (siehe Seite 49)
abgeriebene Schale von 2 unbehandelten Orangen
Saft von 1 Zitrone
1/8 l Mineralwasser
Mandarinenfilets oder Pfefferminze zum Garnieren

So wird's gemacht:

1. Die Mandarinen auspressen und den Saft durch ein Sieb passieren. Die Saftmenge soll etwa 600 ml betragen. Eventuell noch einige Mandarinen mehr auspressen.

2. Den Läuterzucker mit dem Mandarinensaft verrühren, die Orangenschale dazugeben und die Masse mit dem Zitronensaft abschmecken.

3. Die Mandarinenmasse in eine Metallschüssel geben und zugedeckt ins Tiefkühlgerät stellen. Nach etwa 20 Minuten herausnehmen, das Mineralwasser dazugießen und alles wieder 20 Minuten kühl stellen. Dann die Eiskristalle am Schüsselrand und von der Oberfläche unterrühren (genaue Beschreibung siehe Rezept „Birnensorbet", linke Seite). Das Sorbet etwa 2 Stunden tiefkühlen und dabei jede 20 Minuten die Eiskristalle darunterrühren. Zum Schluß sollte das Sorbet cremig gefrostet sein.

4. Das Sorbet mit Hilfe eines Spritzbeutels mit Sterntülle oder als Kugeln in vorgekühlte Gläser geben und nach Belieben mit Mandarinenfilets oder Pfefferminze garnieren.

Tamarillosorbet mit Gin

Zubereitungszeit: ca. 20 Minuten
Gefrierzeit: ca. 2 Stunden

Sie benötigen für 4–6 Portionen:

10 reife Tamarillos
Saft von 1 Limette
Saft von 2 Blutorangen (60–80 ml)
200 ml Läuterzucker (siehe Seite 49)
4 cl Gin
evtl. etwas Gin zum Begießen

So wird's gemacht:

1. Die Tamarillos schälen (siehe Seite 44). Das Fruchtfleisch in Stücke schneiden und mit dem Mixstab pürieren. Dann das Püree durch ein Sieb streichen.

2. Das Fruchtpüree mit dem Limetten- und Blutorangensaft verrühren und den Läuterzucker sowie den Gin dazugeben.

3. Die Masse etwa 2 Stunden im Tiefkühlgerät unter Rühren frosten (genaue Beschreibung siehe Rezept „Birnensorbet", linke Seite). Sie sollte dann eine cremige Konsistenz erreicht haben.

4. Das Sorbet entweder mit einem Spritzbeutel mit Sterntülle oder als Kugeln in vorgekühlte Gläser geben. Nach Belieben etwas Gin darübergeben.

Tip

Wenn Sie eine Sorbetiere besitzen, können Sie unter Schritt 3 der letzten drei Rezepte wie folgt verfahren. Die Sorbetmasse in die Maschine füllen und cremig gefrieren lassen. Beim Rezept „Mandarinensorbet" wird, sobald die Masse anfriert, das Mineralwasser dazugegeben.

Passionsfruchtgranité

Zubereitungszeit: ca. 20 Minuten
Gefrierzeit: 1–1 1/2 Stunden

Sie benötigen für 4–6 Portionen:

12 Passionsfrüchte
(Purpurgranadilla)
120 g Zucker
Saft von 2 Orangen (60–80 ml)
400 ml trockenen Sekt
oder Champagner
Pfefferminze zum Garnieren

So wird's gemacht:

1. Die Passionsfrüchte halbieren, das Fruchtfleisch mit einem Löffel herausschaben (siehe Seite 37), durch ein Sieb streichen und den Saft dabei auffangen (benötigte Menge Saft etwa 100 ml).

2. Den Zucker in einen Topf geben und leicht karamelisieren lassen. Dann mit dem Passionsfruchtsaft ablöschen. Den Orangensaft dazugießen und den Zucker in der Flüssigkeit auflösen.

3. Die Mischung abkühlen lassen und in ein flaches Gefäß mit Rand gießen. Dann den Sekt oder den Champagner dazugeben, vorsichtig verrühren und die Form ins Tiefkühlfach stellen.

4. Die Flüssigkeit gefrieren lassen. Zwischendurch mit einer Gabel die zuerst gefrierenden Randschichten sowie die Oberfläche der Masse immer wieder lösen und unterrühren. Je öfter dieser Vorgang wiederholt wird, desto feinkörniger wird das Granité.

5. Wenn alles vollkommen durchgefroren ist, die Masse noch einmal durchrühren und in vorgekühlte Gläser füllen. Das Granité mit Pfefferminze garnieren und sofort servieren.

Granité vom Granatapfel

Zubereitungszeit: ca. 20 Minuten
Gefrierzeit: 1–1 1/2 Stunden

Sie benötigen für 4–6 Portionen:

5 Granatäpfel
6 EL Grenadine (Granatapfelsirup)
50 g Zucker
1/2 l kräftigen Rotwein
3 unbehandelte Limetten

So wird's gemacht:

1. Die Granatäpfel halbieren (siehe Seite 15), die Samen mit den Fruchtschalen mit einem Löffel herausschaben und in einen Topf geben. Die Grenadine und den Zucker dazugeben und ein Viertel des Rotweins angießen.

2. Die Flüssigkeit erhitzen und 4 bis 5 Minuten leicht köcheln lassen. Danach mit einem Pürierstab leicht durchmixen, so löst sich die Schale der Kerne am besten. Die Masse durch ein Sieb passieren.

3. Die Masse abkühlen lassen und in ein flaches Gefäß mit Rand gießen. Dann den restlichen Wein dazugießen. Zwei Limetten auspressen, den Saft ebenfalls dazugeben, alles vorsichtig verrühren und die Form in den Tiefkühlschrank stellen.

4. Die Flüssigkeit gefrieren lassen. Zwischendurch mit einer Gabel die zuerst gefrierenden Randschichten sowie die Oberfläche immer wieder lösen und unterrühren. Je öfter dieser Vorgang wiederholt wird, desto feinkörniger wird das Granité.

5. Die letzte Limette heiß abwaschen und in hauchdünne Scheiben schneiden. Das Granité in vorgekühlte Gläser füllen und mit den Limettenscheiben garnieren.

Topfengratin mit Pitahaya und Feigen

Zubereitungszeit: ca. 3/4 Stunden
Backzeit: ca. 1/4 Stunde

Sie benötigen für 4 Portionen:
500 g Quark (20% Fett i.Tr.)
4 Eigelb
Mark von 1/2 Vanilleschote
abgeriebene Schale von
1/2 unbehandelten Zitrone
2 EL Rum
80 g Puderzucker
50 g Speisestärke
3 Eiweiß
90 g Zucker
Butter zum Ausfetten der Teller
4 Pitahayas
4 Feigen
Puderzucker zum Bestäuben

So wird's gemacht:

1. Den Quark in ein Tuch geben, leicht ausdrücken und anschließend durch ein Sieb streichen.

2. Die Eigelbe und das Vanillemark unter den Quark rühren. Die Zitronenschale und den Rum dazugeben. Den Puderzucker und die Speisestärke dazusieben und unterrühren.

3. Die Eiweiße zu steifem Schnee schlagen. Dabei den Zucker langsam einrieseln lassen. Den Eischnee unter die Quarkmasse heben.

4. Den Backofen auf 180°C vorheizen. Vier tiefe, feuerfeste Suppenteller mit ein wenig Butter ausfetten.

5. Die Pitahayas und die Feigen schälen (siehe Seite 41 und 14) und das Fruchtfleisch in Scheiben schneiden. Die Quarkmasse gleichmäßig auf 4 Teller verteilen, glatt streichen und die Früchtescheiben darauf verteilen.

6. Die Desserts im Backofen etwa 12 bis 15 Minuten backen. Wenn die Topfengratins eine leicht braune Farbe angenommen haben, die Teller aus dem Ofen nehmen, mit Puderzucker bestäuben und servieren.

Tip

Nach Belieben kann das Topfengratin mit einer Kugel Vanilleeis serviert werden.

Gratin von exotischen Früchten

Zubereitungszeit: ca. 1/2 Stunde

Sie benötigen für 4 Portionen:

Für das Gratin:
2 Kiwis
1 Babyananas
2 Feigen
2 Mangostane
1 Mango
1 Sharonfrucht (besondere Kakifrucht, Seite 22)
1 Pomelo

Für das Sabayon:
3 Eigelb
100 g Zucker
1/8 l Weißwein

Außerdem:
1 EL Puderzucker

So wird's gemacht:

1. Die Kiwis schälen und in je sechs Scheiben schneiden. Die Babyananas schälen, vierteln, den Strunk herausschneiden (siehe Seite 6) und das Fruchtfleisch in Scheiben schneiden. Die Feigen schälen (siehe Seite 14) und in dicke Scheiben zerteilen. Die Mangostane aufschneiden und das Fruchtfleisch in die Segmente zerteilen (siehe Seite 31).

2. Die Mango schälen, halbieren und den Stein herauslösen (siehe Seite 30). Das Fruchtfleisch in Spalten schneiden. Die Sharonfrucht waschen und in Scheiben schneiden (siehe Seite 22). Die Pomelo schälen und die Filets herausschneiden (siehe Grapefruit, Seite 17). Die Früchte auf vier feuerfesten Tellern anrichten.

3. Für das Sabayon die Eigelbe in eine Metallschüssel geben, den Zucker einrieseln lassen und den Wein dazugießen. Die Masse in einem warmen Wasserbad schaumig schlagen, bis die Konturen des Schneebesens deutlich sichtbar sind. Dann das Sabayon kräftig ausschlagen, bis eine homogene, schaumige Masse entsteht.

4. Das Sabayon über die Früchte geben und unter dem Grill goldbraun überbacken. Das Ganze mit Puderzucker bestäuben und sofort servieren.

Tips

Zum Gratin kann eine Kugel Milchspeiseeis gereicht werden.
Falls Sie keinen Grill haben, können Sie das Gratin auch im vorgeheizten Backofen bei 250°C Oberhitze überbacken.

Mango-Himbeer-Terrine

Zubereitungszeit: ca. 3/4 Stunden
Kühlzeit: 1 Stunde

Sie benötigen für 8 Portionen:

- 5 Blatt Gelatine
- 2–3 reife Mangos (je nach Größe)
- 400 g Himbeeren
- 250 g Vollmilchjoghurt
- 150 g geschlagene Sahne

So wird's gemacht:

1. Die Gelatine in kaltem Wasser einweichen. Die Mangos schälen, halbieren und die Steine herauslösen (siehe Seite 30). Das Fruchtfleisch in ganz dünne Scheiben schneiden.

2. Eine mittelgroße Kastenform vorsichtig mit Klarsichtfolie auslegen. Die Form mit Mangoscheiben auskleiden. Die Scheiben müssen an ihren Seiten leicht überlappen und einen geschlossenen Mantel bilden. Es müssen genügend Mangoscheiben übrigbleiben, um später den Boden der Terrine damit gut abdecken zu können.

3. Von den Himbeeren 100 g zur Seite legen. Den Rest waschen und mit dem Pürierstab zerkleinern. Anschließend durch ein feines Sieb streichen.

4. Die Gelatine gut ausdrücken und in einem kleinen Topf bei mäßiger Hitze unter Rühren auflösen lassen.

5. Das Himbeerpüree in eine Schüssel geben und die Gelatine unterziehen. Kurz vor dem Stocken den Joghurt und die geschlagene Sahne unterheben.

6. Die Masse in die ausgekleidete Form füllen, die zurückbehaltenen, gewaschenen Himbeeren darauf verteilen und die Masse gleichmäßig mit den restlichen Mangoscheiben bedecken.

7. Die Terrine im Kühlschrank eine Stunde durchkühlen lassen, danach stürzen und mit einem heiß abgespülten Messer vorsichtig in Scheiben schneiden.

Tip

Nach Belieben kann die Terrine mit Passionsfruchtsabayon (Rezept Seite 124) serviert werden.

Sesamkrokantparfait mit Kumquatragout

Zubereitungszeit: ca. 3/4 Stunden
Gefrierzeit: ca. 2 Stunden

Sie benötigen für 8 Portionen:

Für das Ragout:

- 250 g Kumquats
- 3 EL Zucker
- Mark von 1/2 Vanilleschote
- 10 g fein gehackten frischen Ingwer
- Saft von 4 Orangen
- Saft von 1 Zitrone
- Pfefferminze oder Zitronenmelisse zum Garnieren

Für das Parfait:

- 90 g Zucker
- 2 EL geschälten Sesamsamen
- Saft von 2 Orangen
- 2 TL Sesamöl
- 1 Blatt weiße Gelatine
- 3 Eigelb
- 1 Ei
- 200 g Sahne

So wird's gemacht:

1. Für das Ragout die Kumquats waschen, halbieren und die Kerne herausdrücken (siehe Orange Seite 34). Die Fruchthälften anschließend, je nach Größe, halbieren oder vierteln, in eine Schüssel geben und mit dem Zucker, dem Vanillemark und dem Ingwer mischen. Die Schüssel mit Klarsichtfolie abdecken, kühl stellen.

2. Für das Parfait 30 g Zucker in einem Topf zum Schmelzen bringen, bis er eine karamelbraune Farbe angenommen hat. Dann den Sesamsamen einstreuen, umrühren und mit dem Orangensaft nach und nach ablöschen. Die Flüssigkeit vorsichtig ganz einkochen lassen.

3. Die Masse auf ein mit etwa einem Teelöffel Sesamöl benetztes Backblech geben, glattstreichen und abkühlen lassen. Anschließend den Krokant in Stücke brechen und in einer Küchenmaschine zu kleinen Splittern zerkleinern.

4. Die Gelatine in kaltem Wasser einweichen. Die Eigelbe und das Ei zusammen mit den restlichen 60 g Zucker in eine Metallschüssel geben und die Masse in einem Wasserbad mit einem Schneebesen so lange schlagen, bis sie auf etwa 40°C erwärmt ist. Dann die Schüssel vom Wasserbad nehmen, den restlichen Teelöffel Sesamöl dazugeben und die Masse mit dem Handrührgerät so lange kaltrühren, bis sie an Volumen zugenommen hat.

5. Die Gelatine gut ausdrücken, dann in einem Topf bei schwacher Hitze auflösen, zusammen mit dem Krokant zur Eimasse geben und unterheben. Die Sahne steif schlagen, unter die vorbereitete Masse ziehen und diese in acht Portionsförmchen füllen. Das Parfait im Tiefkühlfach etwa 2 Stunden durchfrieren lassen.

6. Die Kumquats in einen Topf füllen, den Orangensaft dazugeben und alles langsam erhitzen. Die Früchte bei mittlerer Hitze weich kochen und den auftretenden Schaum von Zeit zu Zeit abschöpfen. Das Ragout zum Schluß mit dem Zitronensaft abschmecken und kalt stellen.

7. Das Parfait auf Teller stürzen und mit dem Kumquatragout anrichten. Nach Belieben mit frischer Minze oder Melisse garnieren.

Tip

Vom Sesamkrokant etwa 1 Eßlöffel zurückbehalten und zum Schluß als Garnitur auf die Teller streuen.

Kaiserschmarren mit Cranberries

Zeit zum Saftziehen:
ca. 20 Minuten
Zubereitungszeit: ca. 3/4 Stunden

Sie benötigen für 4 Portionen:

Für die Cranberries:
250 g Cranberries
100 g Zucker
1/4 Zimtstange
1 Msp. Ingwerpulver
abgeriebene Schale von
1/2 unbehandelten Orange
1/8 l Rotwein
1 TL Speisestärke

Für den Schmarren:
120 g Mehl
1 Prise Salz
4 Eigelb
1/4 l Milch
4 Eiweiß
30 g Zucker
2 EL Butter
1–2 EL Rosinen

Außerdem:
1 EL geröstete Mandelblättchen
Puderzucker zum Bestäuben

So wird's gemacht:

1. Die Cranberries waschen und abtropfen lassen. Dann in eine Schüssel geben und zusammen mit dem Zucker, den Gewürzen und der Orangenschale mischen. Die Früchte etwa 20 Minuten Saft ziehen lassen.

2. Danach den Rotwein dazugießen und das Ganze langsam zum Kochen bringen. Die Beeren einmal aufkochen lassen und dann etwa 1 Minute bei schwacher Hitze köcheln lassen.

3. Die Speisestärke in wenig kaltem Wasser anrühren und die Früchte damit binden. Die Zimtstange entfernen und die Beeren abkühlen lassen.

4. Für den Kaiserschmarren das Mehl in eine Schüssel sieben und mit dem Salz vermischen. Dann die Eigelbe und die Milch hinzufügen und alles zu einem glatten Teig verrühren. Sollten sich kleine Klümpchen gebildet haben, empfiehlt es sich, den Teig durch ein Sieb zu passieren.

5. Den Backofen auf 180°C vorheizen.

6. Die Eiweiße zu steifem Schnee schlagen, dabei den Zucker langsam einrieseln lassen. Den Eischnee unter den Teig heben.

7. Die Hälfte der Butter in einer großen feuerfesten Pfanne erhitzen und den Schmarrenteig fingerdick eingießen.

8. Den Teig kurz anbacken, dann die Rosinen hinzufügen und den Teig, wenn er Farbe angenommen hat, wenden. Die restliche Butter als Flöckchen am Pfannenrand dazugeben und den Kaiserschmarren im Ofen noch etwa 5 Minuten fertigbacken.

9. Danach den Schmarren aus dem Ofen nehmen und mit zwei Gabeln in ungleichmäßige Stücke zerreißen.

10. Den Schmarren mit den Mandeln bestreuen, kurz ausdampfen lassen und auf Tellern anrichten. Alles mit Puderzucker bestäuben und mit den Cranberries servieren.

Erdbeersuppe mit gebackenen Erdbeeren

Zeit zum Ruhen: ca. ½ Stunde
Zubereitungszeit: ca. 1 Stunde

Sie benötigen für 4 Portionen:

Für den Ausbackteig:
125 g Mehl
1 Prise Salz
⅛ l lieblichen Weißwein
2 Eigelb
2 Eiweiß
3–4 EL Mehl zum Wenden

Für die Suppe:
500 g Erdbeeren
2 EL Puderzucker
Saft von ½ Zitrone
2 Zweige Pfefferminze
½ l trockenen Sekt
oder Champagner

Außerdem:
Öl zum Fritieren
3 EL Zucker
1 Msp. Zimt

So wird's gemacht:

1. Für den Teig das Mehl in eine Schüssel sieben und mit dem Salz, dem Wein und den Eigelben glattrühren. Die Masse etwa ½ Stunde ruhen lassen.

2. In der Zwischenzeit die Erdbeeren putzen, waschen. 12 schöne, große Erdbeeren zurückbehalten. Weitere 5 bis 6 Erdbeeren in Streifen schneiden und die restlichen Früchte mit einem Küchenmesser grob zerkleinern.

3. Die zerkleinerten Erdbeeren in eine Schüssel geben und den Puderzucker darüberstreuen. Die Erdbeeren mit einem Mixstab pürieren und den Zitronensaft dazugeben. Das Mus durch ein Sieb streichen und die Erdbeerstreifen daruntermischen. Das Erdbeermus kühl stellen.

4. Das Fritierfett in einer Friteuse oder einem nicht zu großen Topf auf 180°C erhitzen.

5. Die Eiweiße steif schlagen und unter den Weinteig heben. Die zurückbehaltenen Erdbeeren in dem Mehl wenden, auf eine Gabel spießen und vorsichtig durch den Teig ziehen.

6. Die Erdbeeren im heißen Fett goldbraun ausbacken. Dabei öfter wenden. Sie anschließend auf Küchenpapier abtrofen lassen. Den Zucker mit dem Zimt mischen und die Erdbeeren darin wälzen. Der Zucker soll ihnen rundherum anhaften.

7. Das Erdbeerpüree aus dem Kühlschrank nehmen, die Pfefferminze in feinen Streifen hineinschneiden und mit dem Sekt oder dem Champagner aufgießen. Die Suppe in tiefe Teller verteilen und je 3 warme ausgebackene Erdbeeren dazu servieren.

Tip

Nach Belieben kann die Erdbeersuppe mit einer Kugel Vanilleeis serviert werden.

Bananensoufflé mit geeister Kaktusfeigenbutter

Zubereitungszeit: ca. 1 Stunde

Sie benötigen für 4 Portionen:

Für die Kaktusfeigenbutter:
4 Kaktusfeigen
100 g Zucker
4 EL Whiskey
Saft von 3 Blutorangen
Mark von ½ Vanillestange
½ TL Speisestärke
50 g kalte Butter

Für das Soufflé:
60 g Butter
80 g Zucker
3 Eigelb
2 große Bananen
(ca. 300 g ohne Schale)
Saft von 1 Zitrone
5 EL geröstete Mandelsplitter
3 EL gehobelte Schokoladensplitter
1 EL Speisestärke
3 Eiweiß

Außerdem:
Zitronenmelisse zum Garnieren
Butter und Zucker für die Förmchen

So wird's gemacht:

1. Die Kaktusfeigen vorsichtig schälen (siehe Seite 23) und in Scheiben schneiden.

2. Den Zucker in einem Topf karamelisieren lassen und mit dem Whiskey und dem Orangensaft ablöschen. Die Kaktusfeigenscheiben und das Vanillemark dazugeben. Die Sauce etwa 5 Minuten köcheln lassen, dann im Mixer pürieren und anschließend durch ein Sieb streichen.

3. Den Backofen auf 200°C vorheizen.

4. Für das Soufflé die Butter mit 2 Eßlöffeln Zucker schaumig rühren und die Eigelbe nach und nach dazugeben.

5. Die Bananen schälen, kleinschneiden und zusammen mit dem Zitronensaft im Mixer pürieren. Das Püree zur Eier-Butter-Masse geben und unterrühren. Dann die Mandelsplitter, die Schokoladensplitter und die Speisestärke unterrühren.

6. Vier kleine Souffléförmchen (ca. 7 cm Ø) mit Butter ausfetten und mit Zucker ausstreuen.

7. Die Eiweiße steif schlagen, dabei den restlichen Zucker einrieseln lassen. Den Eischnee locker unter die Soufflémasse ziehen und die Förmchen damit zu drei Vierteln füllen.

8. Die Förmchen in eine feuerfeste Form stellen und diese bis knapp unter den Rand mit 80 bis 90°C heißem Wasser füllen. Die Form in den Ofen stellen und die Soufflés 20 bis 25 Minuten backen. Die Temperatur des Wasserbads soll nicht unter 80°C sinken, das Wasser darf aber auch nicht kochen.

9. In der Zwischenzeit die Kaktusfeigensauce noch einmal kurz erhitzen und mit der mit wenig kaltem Wasser angerührten Speisestärke binden. Die kalte Butter flöckchenweise in die nicht kochende Sauce einrühren.

10. Die Kaktusfeigenbutter in eine Metallschüssel geben und diese in ein mit Eiswürfeln gefülltes Wasserbad stellen. Darin die Butter mit einem Schneebesen kalt schlagen.

11. Die Kaktusfeigenbutter auf die Teller verteilen. Die Soufflés aus den Förmchen stürzen und mit der gebackenen Seite nach oben auf der Butter anrichten. Mit Zitronenmelisse garnieren, dann mit Puderzucker bestäuben und sofort servieren.

Tip

Das Dessert kann auch mit einer Kugel Eis oder einem Sorbet serviert werden.

Gebäck

Die große Palette von Backrezepten mit heimischem Obst wird durch die exotischen Früchte noch umfangreicher und regt zu immer wieder neuen Kombinationen an. Ob für den Nachmittagskaffee, für die festliche Kuchentafel oder für zwischendurch, mit den folgenden Kuchen und Torten liegen Sie immer richtig.

Zitronenmuffins mit Datteln

Zubereitungszeit: ca. 20 Minuten
Backzeit: 15–18 Minuten

Sie benötigen für 12 Muffins:

250 g Haferkleie (Reformhaus)
30 g feingehackte Mandeln
30 g feingewürfelte Datteln
1 EL Backpulver
2 EL braunen Zucker
Saft und abgeriebene Schale von ½ unbehandelten Zitrone
¼ l Milch
2 EL Pflanzenöl
2 Eiweiß

Außerdem:

12 Papierförmchen (5–6 cm Ø)
2 EL Puderzucker
einige Spritzer Zitronensaft

So wird's gemacht:

1. Den Backofen auf 220°C vorheizen. Die Haferkleie zusammen mit den Mandeln, den Datteln, dem Backpulver und dem Zucker verrühren. Dann den Zitronensaft und die -schale untermengen.

2. Die Milch mit dem Öl und den Eiweißen verrühren. Die Mischung zur Haferkleiemasse geben und rasch aber gründlich vermengen.

3. Die Papiermanschetten auf ein Blech stellen und den Teig vorsichtig hineinfüllen. Die Muffins 15 bis 18 Minuten backen.

4. In der Zwischenzeit den Puderzucker mit etwas Zitronensaft glattrühren. Die Muffins nach dem Backen damit einpinseln und das Gebäck auskühlen lassen.

Früchtetartelettes mit Zitronencreme

Zubereitungszeit: ca. 35 Minuten
Ruhezeit: ca. 3/4 Stunden
Backzeit: ca. 1/4 Stunde

Sie benötigen für 12 Tartelette-förmchen (10 cm Ø):

Für den Mürbeteig:

- 150 g Mehl
- 50 g Zucker
- 1 Prise Salz
- abgeriebene Schale von
- 1/2 unbehandelten Zitrone
- Mark von 1/2 Vanillestange
- 100 g Butter
- 1 Ei

Für die Zitronencreme:

- 65 g Butter
- 65 g Zucker
- Saft und abgeriebene Schale
- von 1 unbehandelten Zitrone
- 1 Ei
- 4–5 EL geschlagene Sahne

Für den Belag:

- 1 Kiwi
- 1 Tamarillo
- 12 Physalis (Kapstachelbeere)
- 1 kleine Mango
- 80 g Beeren der Saison

Außerdem:

- Butter für die Förmchen
- 1/4 l Weißwein
- 2 EL Zucker
- 1 Päckchen heller Tortenguß

So wird's gemacht:

1. Für den Mürbeteig das Mehl auf die Arbeitsfläche sieben und den Zucker, das Salz, die Zitronenschale und das Vanillemark darübergeben. Die Butter in Flöckchen darauf verteilen und etwas Mehl darüberschieben.

2. Mit einem Pfannenmesser so lange durchhacken, bis Fett und Mehl feinkrümelig vermengt sind.

3. Eine Mulde in die Mitte drükken, das Ei hineingeben und alles mit kalten Händen rasch zu einem glatten Teig verkneten.

4. Den Teig in Alufolie einschlagen und 1/2 Stunde im Kühlschrank ruhen lassen.

5. Für die Zitronencreme die Butter zusammen mit dem Zucker, dem Zitronensaft und der -schale in einen Topf geben und zum Kochen bringen. Dann das Ei unterrühren, die Masse stocken lassen, jedoch nicht mehr kochen. Anschließend alles durch ein Sieb streichen und kalt stellen.

6. Den Teig auf einer bemehlten Arbeitsfläche 2 mm dick ausrollen und 12 Kreise von etwa 12 cm Durchmesser ausstechen. Die Tarteletteförmchen ausfetten. Den Teig in die Förmchen legen, eventuell überstehende Ränder abschneiden. Die Böden mit einer Gabel mehrmals einstechen und noch einmal 1/4 Stunde kalt stellen. Den Ofen auf 180°C vorheizen.

7. Die Törtchen 12 bis 15 Minuten backen. Anschließend ungefähr 5 Minuten in den Formen abkühlen lassen, dann stürzen und auf einem Kuchengitter gut auskühlen lassen.

8. Die Kiwi und die Tamarillo schälen (siehe Seite 25 bzw. 44), in Scheiben schneiden und diese halbieren. Die Physalis aus den Blütenkelchen herausnehmen (siehe Seite 40) und in Scheiben schneiden. Die Mango schälen, halbieren und den Stein herauslösen (siehe Seite 30). Das Fruchtfleisch in Spalten schneiden. Die Beeren waschen und abtropfen lassen.

9. Die Zitronencreme mit dem Schneebesen aufrühren und die geschlagene Sahne unterheben. Die Creme auf die Tartelettes verteilen und mit den Früchten üppig belegen. Dann kurz kalt stellen.

10. Den Weißwein mit dem Zucker zum Kochen bringen, den Tortenguß einrühren, abkühlen lassen und die Früchte damit überziehen.

Nußtörtchen mit Früchten

Zubereitungszeit: ca. 1/2 Stunde
Backzeit: ca. 1/4 Stunde

Sie benötigen für 10 Törtchen:

Für den Belag:
- 80 g blaue Weintrauben
- 100 g Beeren der Saison
- 1 säuerlichen Apfel
- 100 g Pflaumen

Für den Biskuitteig:
- 2 Eigelb
- 2 EL Zucker
- 2 Eiweiß
- 8 EL gemahlene Haselnüsse
- 1 EL Mehl
- 1 EL Speisestärke

Außerdem:
- 10 Papierförmchen zum Backen (5–6 cm Ø)
- Puderzucker zum Bestäuben

So wird's gemacht:

1. Die Weintrauben waschen, halbieren und die Kerne entfernen (siehe Seite 46). Die Beeren waschen und abtropfen lassen. Den Apfel schälen, das Kerngehäuse herausschneiden und das Fruchtfleisch in Spalten schneiden. Die Pflaumen waschen, halbieren und entsteinen (siehe Seite 39). Die Früchte kalt stellen.

2. Den Backofen auf 180°C vorheizen. Die Eigelbe mit 1 Eßlöffel Zucker schaumig rühren. Die Eiweiße steif schlagen, dabei den restlichen Eßlöffel Zucker einrieseln lassen. Den Eischnee unter die Eigelbmasse ziehen.

3. Die Haselnüsse unterheben, das Mehl und die Speisestärke darübersieben und alles gut vermengen. Die Papierförmchen jeweils zu 2/3 mit dem Teig füllen.

4. Die Früchte auf die Törtchen legen, die Förmchen auf ein Backblech stellen und etwa 1/4 Stunde backen. Dann abkühlen lassen und mit Puderzucker bestäuben.

Kokos-Ingwer-Torte

Zubereitungszeit: ca. 3/4 Stunden
Backzeit: ca. 1/2 Stunde
Ruhezeit: 2–3 Stunden

Sie benötigen für 1 Springform (24 cm Ø):

Für den Teig:
- 3 Eigelb
- Saft und abgeriebene Schale von 1 unbehandelten Zitrone
- 125 g Puderzucker
- 1 Prise Salz
- 50 g flüssige Butter
- 3 Eiweiß
- 75 g Mehl
- 50 g Speisestärke

Für die Füllung:
- 400 ml frische Kokosmilch (siehe Seite 26)
- 4 Eigelb
- 75 g Zucker
- 1 Prise Salz
- 2 EL Rum
- 15 g fein gehackten, kandierten Ingwer
- abgeriebene Schale von 1 unbehandelten Limette
- 200 g weiche Butter

Außerdem:
- Zucker für das Tuch
- 5 EL Kokosraspel

So wird's gemacht:

1. Den Backofen auf 180°C vorheizen. Die Butter zusammen mit dem Zitronensaft, der -schale, 100 g des Zuckers und dem Salz schaumig rühren.

2. Die Eigelbe nach und nach dazugeben und unterrühren.

3. Die Eiweiße mit dem restlichen Puderzucker sehr steif schlagen, unter die Eigelbmasse ziehen.

4. Das Mehl und die Speisestärke auf den Eischnee sieben und alles mit einem Schneebesen vorsichtig vermengen, nicht rühren.

5. Den Boden einer Springform mit Backpapier auslegen, den Teig einfüllen und im Ofen 15 bis 20 Minuten backen.

6. Danach den Boden in der Form auskühlen lassen, dann auf ein mit Zucker bestreutes Tuch stürzen und das Backpapier abziehen. Den Teigboden 2 bis 3 Stunden ruhen lassen.

7. In der Zwischenzeit die Kokosmilch in einen Topf geben und vorsichtig bei mäßiger Hitze auf etwa die Hälfte einkochen lassen.

8. Die Eigelbe zusammen mit dem Zucker, dem Salz und dem Rum in eine Metallschüssel geben, die heiße Kokosmilch darübergießen und alles verrühren. Die Masse auf einem heißen Wasserbad unter Rühren so lange erhitzen, bis sie andickt. Die Masse darf dabei aber nicht kochen.

9. Den Ingwer zusammen mit der Limettenschale zu der Ei-Kokos-Masse geben. Abkühlen lassen.

10. Die Butter schaumig rühren und die Ei-Kokos-Masse nach und nach unter die Butter rühren.

11. Den Boden mit einem langen Messer dreimal durchschneiden, so daß 4 gleichmäßig hohe Böden entstehen. Ein Drittel der Kokoscreme beiseite nehmen und die restliche Masse auf drei der Böden streichen. Diese übereinandersetzen und den vierten Boden obenauf geben. Die Tortenoberfläche und die Ränder mit der restlichen Kokoscreme bestreichen und die Torte mindestens ½ Stunde kühl stellen.

12. In der Zwischenzeit die Kokosraspel in einer trockenen Pfanne leicht rösten und abkühlen lassen. Den Tortenrand und die -oberseite mit den Kokosraspeln bestreuen.

Algerischer Dattelkuchen

Zubereitungszeit: ca. 25 Minuten
Backzeit: ca. 40 Minuten

Sie benötigen für 1 Springform (24 cm Ø):

200 g Datteln
110 g geschälte Mandeln
100 g geschälte, ungesalzene, geröstete Erdnüsse
5 EL Zucker
4 Eiweiß
1 EL Butter für die Form

So wird's gemacht:

1. Den Backofen auf 180°C vorheizen. Die Datteln entsteinen (siehe Seite 13) und mit einem Messer fein hacken. Die Mandeln und die Erdnüsse ebenfalls hacken oder in der Küchenmaschine grob zerkleinern.

2. Die Datteln und die gehackten Nüsse mit 3 Eßlöffeln Zucker in eine Schüssel geben und alles miteinander mischen.

3. Die Eiweiße steif schlagen, dabei die restlichen 2 Eßlöffel Zukker einrieseln lassen.

4. Den Eischnee unter die vorbereitete Masse ziehen.

5. Eine Springform (24 cm Durchmesser) mit der Butter einfetten und die Masse einfüllen. Den Kuchen dann im Backofen 35 bis 40 Minuten backen.

Tip

Den Kuchen lauwarm oder kalt servieren. Nach Belieben ein Sabayon (siehe Seite 124) oder Schlagsahne dazu reichen.

Heidelbeertorte mit Royal

Zubereitungszeit: ca. 40 Minuten
Ruhezeit: ca. ½ Stunde
Backzeit: ca. ½ Stunde

Sie benötigen für 1 Springform (24 cm Ø):

Für den Mürbeteig:
180 g Weizenmehl
1 EL Puderzucker
1 Prise Salz
½ TL Vanillezucker
abgeriebene Schale von ½ unbehandelten Zitrone
100 g Butter, 1 Ei
1 TL Butter für die Form

Für die Royal:
9 Eigelb
60 g Zucker
½ P. Vanillezucker
1 EL Vanillepuddingpulver
1 Prise Salz
300 g süße Sahne
200 ml Milch

Für den Belag:
400 g frische Heidelbeeren

Für den Guß:
¼ l Weißwein
2 EL Zucker
1 P. Tortenguß (ca. 18 g)

So wird's gemacht:

1. Für den Mürbeteig das Mehl auf die Arbeitsfläche sieben und den Puderzucker, das Salz, den Vanillezucker und die Zitronenschale darübergeben. Die Butter in Flöckchen darauf verteilen und etwas Mehl darüberschieben.

2. Mit einem Pfannenmesser so lange durchhacken, bis Fett und Mehl feinkrümelig vermengt sind.

3. Eine Mulde in die Mitte drükken, das Ei hineingeben und alles mit kalten Händen rasch zu einem glatten Teig verkneten.

4. Den Teig in Alufolie einschlagen und ½ Stunde im Kühlschrank ruhen lassen. Die Springform mit der Butter einfetten.

5. Den Backofen auf 170°C vorheizen. Den Teig auf einer bemehlten Arbeitsfläche ausrollen. Die Teigplatte sollte etwa 6 cm mehr Durchmesser haben als der Boden der Form. Den Teig auf das Rollholz aufnehmen (aufrollen) und über der Form abrollen.

6. Nun den Teig so in die Form einpassen, daß er etwa 5 mm am Rand übersteht. Den äußeren Rand der Form mit einigen Tropfen Wasser befeuchten und den überhängenden Rand daran andrücken. Dadurch wird ein Schrumpfen beim Vorbacken verhindert.

7. Den Boden mit einer Gabel mehrmals einstechen und im Ofen etwa 10 Minuten vorbacken.

8. Für die Royal die Eigelbe mit dem Zucker, dem Vanillezucker, dem Puddingpulver und dem Salz verrühren und dann die Sahne und die Milch darunterrühren.

9. Die Royal auf den vorgebackenen Boden geben und etwa 20 Minuten backen. Danach auskühlen lassen und aus der Form nehmen.

10. Die Heidelbeeren waschen und gut abtropfen lassen. Dann auf dem Boden verteilen.

11. Den Wein in einem Topf zum Kochen bringen, den Zucker mit dem Tortenguß mischen und in den Wein einrühren. Den Guß gleichmäßig auf den Früchten verteilen.

Kirschstreusel

Zubereitungszeit: ca. 40 Minuten
Ruhezeit: ca. 1 Stunde
Backzeit: ca. 40 Minuten

Sie benötigen für 1 Backblech:

Für den Hefeteig:

250 g Mehl
½ Würfel Hefe (21 g)
⅛ l lauwarme Milch
40 g Butter
2 EL Zucker
1 Prise Salz
1 Ei
abgeriebene Schale von
½ unbehandelten Zitrone

Für den Belag:

¼ l Milch
1 ½ Eßlöffel Speisestärke
Mark von ½ Vanilleschote
3 Eigelb
1 EL Puderzucker
1 kg frische Kirschen
60 g Marzipanrohmasse

Für die Streusel:

350 g Mehl
200 g Butter
200 g Zucker
Mark von ½ Vanilleschote

Außerdem:

Butter für das Blech

So wird's gemacht:

1. Das Mehl in eine Schüssel sieben, in die Mitte eine Mulde drükken und die Hefe hineinbröckeln. Die Milch zur Hefe gießen und beides verrühren.
2. Das Ganze mit einer dünnen Mehlschicht bedecken. Ein Tuch über die Schüssel legen. Den Vorteig etwa ¼ Stunde an einem warmen Ort gehen lassen.
3. Die Butter schmelzen lassen und zusammen mit den übrigen Zutaten zum bereits gegangenen Vorteig geben.
4. Den Teig mit einem Kochlöffel verrühren und schlagen, bis er Blasen wirft.
5. Den Teig zur Kugel formen, mit einem Tuch zudecken und an einem warmen Ort etwa ½ Stunde bis zur doppelten Größe aufgehen lassen.
6. Für den Belag 2 Eßlöffel Milch mit der Speisestärke verrühren. Die restliche Milch zusammen mit dem Vanillemark in einem Topf aufkochen, die Stärkemilch dazugeben und binden. Die Masse vom Herd nehmen. Die Eigelbe verquirlen und langsam unter Rühren in die nicht mehr kochende Masse einrühren. Die Masse dünn mit Puderzucker besieben, damit sie beim Abkühlen keine Haut bekommt. Die Masse abkühlen und fest werden lassen.
7. In der Zwischenzeit die Kirschen waschen, abtropfen lassen und entkernen. Das Obst abdecken.
8. Das Marzipan zerkrümeln und die Milchmasse langsam mit den Knethaken des Handrührgeräts unter das Marzipan arbeiten.
9. Den Backofen auf 220°C vorheizen. Das Backblech mit Butter einfetten. Den Hefeteig auf einer bemehlten Arbeitsfläche noch einmal durchkneten, ausrollen und das Blech damit auslegen. Rundherum einen Rand hochdrücken.
10. Die Marzipanmasse auf den Teig streichen. Die Kirschen auf die Masse geben und den Kuchen 10 bis 15 Minuten ruhen lassen.
11. Die Zutaten für die Streusel miteinander mischen und locker verkneten. Das Ganze zwischen den Fingern zerreiben, bis Streusel entstehen.
12. Die Streusel auf dem Kuchen verteilen und ihn 35 bis 40 Minuten backen.
13. Den Kuchen auskühlen lassen und in Rechtecke scheiden.

Tip

Servieren Sie ihn lauwarm mit gesüßter Schlagsahne.

Kirschblotzer

Zubereitungszeit: ca. 35 Minuten
Backzeit: 45–60 Minuten

Sie benötigen für 1 Springform (26 cm Ø):

750 g frische Kirschen
10 Eigelb, 200 g Zucker
1 Prise Salz
100 g gemahlene Haselnüsse
50 g gewürfeltes Orangeat
50 g gewürfeltes Zitronat

1 Msp. Nelkenpulver
1 ½ TL Zimt
40 g geraspelte Bitterkuvertüre
240 g Schwarzbrotbrösel
4 EL Kirschwasser oder Rum
6 EL Rotwein
10 Eiweiß

Außerdem:
Butter für die Form

So wird's gemacht:

1. Den Backofen auf 170°C vorheizen. Die Kirschen waschen, abtropfen lassen und mit einem Kirschenentsteiner entsteinen.

2. Die Eigelbe mit dem Zucker schaumig rühren. Salz, Haselnüsse, Orangeat, Zitronat, Nelkenpulver, Zimt und Schokoladenraspel dazugeben und mit einem Teigschaber unterrühren.

3. Dann drei Viertel der Brotbrösel mit dem Kirschwasser oder Rum und dem Wein tränken und ebenfalls zum Teig geben. Die Eiweiße steif schlagen und unter die Masse heben.

4. Die Springform mit Butter ausfetten und mit den restlichen Schwarzbrotbröseln gleichmäßig ausstreuen.

5. Die Kirschen unter den Teig heben, den Teig in die Form füllen und im Ofen 45 bis 60 Minuten backen. Sollte die Oberfläche frühzeitig zu dunkel werden, die Form mit einem Stück Backpapier abdecken.

6. Den Kuchen nach dem Backen aus der Form nehmen, abkühlen lassen und in Stücke schneiden.

Tip

Servieren Sie den Kuchen lauwarm und reichen Sie mit Kirschwasser oder Rum aromatisierte Schlagsahne dazu.

Johannisbeerkuchen mit Baiser

Zubereitungszeit: ca. 35 Minuten
Ruhezeit: ca. 40 Minuten
Backzeit: ca. 1/2 Stunde

Sie benötigen für 1 Springform (26 cm Ø):

Für den Mürbeteig:
250 g Weizenmehl
100 g Zucker
1 Prise Salz
1/2 P. Vanillezucker
abgeriebene Schale von 1/2 unbehandelten Zitrone
125 g Butter
1 Ei
1 TL Butter für die Form

Für den Belag:
500 g frische Johannisbeeren
1 EL Speisestärke
160 g Zucker
2 EL Johannisbeermarmelade
3 Eiweiß

So wird's gemacht:

1. Für den Mürbeteig das Mehl auf die Arbeitsfläche sieben und den Zucker, das Salz, den Vanillezucker und die Zitronenschale darübergeben. Die Butter in Flöckchen darauf verteilen und etwas Mehl darüberschieben.

2. Mit einem Pfannenmesser so lange durchhacken, bis Fett und Mehl feinkrümelig vermengt sind.

3. Eine Mulde in die Mitte drükken, das Ei hineingeben und alles mit kalten Händen rasch zu einem glatten Teig verkneten.

4. Den Teig in Alufolie einschlagen und 1/2 Stunde im Kühlschrank ruhen lassen. Die Springform mit der Butter einfetten.

5. Die Johannisbeeren waschen, abtropfen lassen und von den Stielen zupfen.

6. Die Speisestärke in 4 Eßlöffeln kaltem Wasser anrühren und zusammen mit 4 Eßlöffeln Zucker in einen Topf geben. Bei mäßiger Hitze zum Kochen bringen. Dann die Johannisbeeren dazugeben, unterrühren und beiseite stellen.

7. Den Teig auf einer bemehlten Arbeitsfläche etwa 3 mm dick ausrollen und die Form damit auslegen. Den Boden mit einer Gabel mehrmals einstechen und noch einmal etwa 10 Minuten im Kühlschrank ruhen lassen.

8. Den Backofen auf 180°C vorheizen. Den gekühlten Boden im Ofen etwa 20 Minuten backen und dann auskühlen lassen.

9. Den gebackenen Mürbeteigboden mit der Johannisbeermarmelade bestreichen und das vorbereitete Beerenkompott gleichmäßig darauf verteilen.

10. Die Eiweiße steif schlagen, dabei die restlichen 100 g Zucker langsam einrieseln lassen. Den Eischnee in einen Spritzbeutel mit Sterntülle füllen.

11. Die Backofentemperatur auf 200°C erhöhen.

12. Eine Baiserhaube auf die Kuchenoberfläche spritzen und den Johannisbeerkuchen im Ofen so lange backen, bis das Baiser leicht hellbraun geworden ist. Den Kuchen auskühlen lassen.

Loquatblechkuchen

Zubereitungszeit: ca. 40 Minuten
Ruhezeit: ca. 1 Stunde
Backzeit: ca. 40 Minuten

Sie benötigen für 1 Backblech:

Für den Hefeteig:
500 g Mehl
30 g Hefe
1/4 l lauwarme Milch
60 g Butter
60 g Zucker
1 TL Salz
2 Eier

Für den Belag:
1 kg Loquats
500 g Quark
3 Eier
2 EL Speisestärke
abgeriebene Schale
und Saft von 1/2 unbehandelten
Zitrone
80 g Zucker
2 EL Mandelblättchen

Außerdem:
Butter für das Blech

So wird's gemacht:

1. Das Mehl in eine Schüssel sieben, in die Mitte eine Mulde drükken und die Hefe hineinbröckeln. Die Milch zur Hefe gießen und beides verrühren.

2. Das Ganze mit einer dünnen Mehlschicht bedecken. Ein Tuch über die Schüssel legen. Den Vorteig etwa 1/4 Stunde an einem warmen Ort gehen lassen.

3. Die Butter schmelzen lassen und zusammen mit den übrigen Zutaten zum Vorteig geben.

4. Den Teig mit einem Kochlöffel verrühren und schlagen, bis er Blasen wirft.

5. Den Teig zur Kugel formen, mit einem Tuch zudecken und an einem warmen Ort etwa 1/2 Stunde bis zur doppelten Größe aufgehen lassen.

6. Für den Belag die Haut von den Loquats abziehen. Die Früchte danach halbieren und die Kerne entfernen (siehe Seite 29).

7. Den Quark in eine Schüssel geben und zusammen mit den Eiern, der Speisestärke, der Zitronenschale, dem Zitronensaft und dem Zucker glattrühren.

8. Das Backblech mit Butter einfetten. Den Hefeteig auf einer bemehlten Arbeitsfläche noch einmal durchkneten, ausrollen und das Blech damit auslegen. Rundherum einen kleinen Rand hochdrücken.

9. Die Quarkmasse auf den Teig streichen. Die Loquathälften mit der Schnittfläche nach unten in den Quark drücken und die Mandelblättchen darüberstreuen. Den Kuchen noch einmal etwa 20 Minuten ruhen lassen. Den Backofen während dieser Zeit auf 220°C vorheizen.

10. Den Kuchen 35 bis 40 Minuten backen, dann auskühlen lassen und in rechteckige Stückchen schneiden.

Mangostrudel

Zubereitungszeit: ca. 35 Minuten
Ruhezeit: ca. 1 Stunde
Backzeit: ca. 20 Minuten

Sie benötigen für 4 Personen:

Für den Strudelteig:

200 g Mehl
1/8 l lauwarmes Wasser
1/2 EL Öl
1 Prise Salz

Für die Füllung:

2 reife Mangos
1 EL Butter
100 g Semmelbrösel
1 EL Zucker
50 g süße Sahne
1 P. Vanillezucker
50 g flüssige Butter
5 EL geröstete Mandelblättchen
Butter für das Blech
Puderzucker zum Bestäuben

So wird's gemacht:

1. Das Mehl in eine Schüssel sieben und zusammen mit dem Wasser, dem Öl und dem Salz zu einem glatten Teig verarbeiten und so lange kneten, bis er weich und geschmeidig ist. Den Teig zu einer Kugel formen und diese in einen mit Öl benetzten tiefen Teller setzen. Den Teig mit Klarsichtfolie zudecken und bei Zimmertemperatur 1 Stunde ruhen lassen.

2. Für die Füllung die Mangos schälen, halbieren und den Stein herauslösen (siehe Seite 30). Das Fruchtfleisch in etwa 1 cm große Würfel schneiden.

3. Die Butter in einer Pfanne schmelzen und die Semmelbrösel darin goldgelb rösten, bis sie fast trocken sind. Den Zucker darüberstreuen und die Brösel auf einen Teller geben.

4. Die Sahne steif schlagen, dabei den Vanillezucker einrieseln lassen. Anschließend kalt stellen.

5. Den Backofen auf 220°C vorheizen. Den Teig auf einem bemehlten Tuch ausrollen und sehr dünn ausziehen. Man muß das Tuch durch den Teig sehen können. Nun den Teig rasch mit etwas flüssiger Butter bepinseln.

6. Die Mangowürfel mit den Zukker-Semmelbröseln-Mischung und den Mandeln mischen und die Hälfte davon in einem Strang auf die Hälfte des Strudelteiges geben. Die Vanillesahne darauf streichen und dann den Rest der Mangomasse darauf verteilen.

7. Die Ränder seitlich umschlagen und den Strudel mit Hilfe des Tuches nicht zu fest aufrollen.

8. Den Strudel vorsichtig auf ein eingefettetes Backblech setzen, mit der restlichen Butter bepinseln und im Ofen etwa 20 Minuten goldbraun backen.

9. Den Strudel nach dem Backen noch einige Minuten ruhen lassen, mit Puderzucker bestäuben und in Portionen schneiden.

Tip

Den Strudel mit Vanillesauce oder Passionsfruchtsabayon (siehe Seite 124) servieren.

Aprikosentarte

Zubereitungszeit: ca. 1/2 Stunde
Backzeit: ca. 20 Minuten

Sie benötigen für 1 Tarteform (24 cm Ø):

200 g TK-Blätterteig
100 g Marzipanrohmasse
etwas Puderzucker zum Ausrollen
50 g gemahlene Mandeln
300 g Aprikosen
100 g süße Sahne
1 EL Zucker
2 EL Aprikosenmarmelade

So wird's gemacht:

1. Den Blätterteig nach Packungsvorschrift auftauen und dann auf einer bemehlten Arbeitsfläche ausrollen (26 cm Durchmesser). Die Form mit kaltem Wasser abspülen, den Teig hineinlegen und die überstehenden Ränder abschneiden.

2. Das Marzipan auf wenig Puderzucker dünn ausrollen und den Blätterteigboden damit belegen. Den Boden mit einer Gabel mehrmals einstechen und die Mandeln darüberstreuen. Den Boden zugedeckt 10 Minuten kühl stellen.

3. Den Backofen auf 180°C vorheizen. Die Aprikosen enthäuten, abtropfen lassen, halbieren und den Kern herauslösen (siehe Seite 9). Die Hälften jeweils bis zur Mitte einschneiden.

4. Den Boden mit den Früchten belegen. Die Sahne zusammen mit dem Zucker in einem Topf zum Kochen bringen, auf die Hälfte einkochen lassen und den Kuchen damit begießen.

5. Die Tarte auf der untersten Schiene etwa 20 Minuten backen.

6. In der Zwischenzeit die Aprikosenmarmelade mit 1 bis 2 Eßlöffeln Wasser erhitzen und glattrühren. Die gebackene, noch heiße Tarte mit der Marmelade bestreichen. Die Aprikosentarte heiß servieren.

Tip

Zu der noch warmen Tarte paßt gut ein Sabayon (siehe Seite 124).

Biskuitroulade mit Quitten-Erdbeer-Sahne

Zubereitungszeit: ca. 40 Minuten
Backzeit: ca. 10 Minuten
Ruhezeit: ca. ½ Stunde

Sie benötigen für 1 Roulade:

Für den Teig:

- 8 Eigelb
- 100 g Zucker
- 1 Prise Salz
- abgeriebene Schale von ½ unbehandelten Zitrone
- 4 Eiweiß
- 80 g Mehl
- 1 EL Speisestärke

Für die Füllung:

- 3 Blatt rote Gelatine
- 400 ml Quittensaft (aus dem Reformhaus)
- 150 g frische Erdbeeren
- 400 g süße Sahne

Außerdem:

- Kristallzucker
- Puderzucker zum Bestäuben

So wird's gemacht:

1. Den Backofen auf 220°C vorheizen. Ein Backblech mit Pergamentpapier auslegen.

2. Die Eigelbe mit der Hälfte des Zuckers, dem Salz und der Zitronenschale kräftig verrühren.

3. Die Eiweiße mit dem restlichen Zucker steif schlagen und den Eischnee unter die Eigelbmasse heben.

4. Das Mehl und die Speisestärke darübersieben und vorsichtig unterheben. Die Masse mit einer Palette dünn auf das Backblech streichen. Den Teig im Ofen 8 bis 12 Minuten backen. Die Gelatine in kaltem Wasser einweichen.

5. Ein angefeuchtetes Geschirrtuch mit Kristallzucker bestreuen und den gebackenen Teig darauf stürzen. Das Pergament leicht mit Wasser anfeuchten und abziehen. Den Biskuit in das Tuch einrollen und auskühlen lassen.

6. In der Zwischenzeit den Quittensaft in einen Topf geben und auf etwa 100 ml einkochen lassen.

7. Die Gelatine gut ausdrücken und in den nicht mehr kochenden Saft einrühren. Den Saft abkühlen lassen.

8. Die Erdbeeren waschen, putzen und in Ecken schneiden. Die Sahne steif schlagen. Kurz bevor der Quittensaft zu gelieren beginnt, die Sahne vorsichtig unter den Saft ziehen.

9. Den Teig aus dem Tuch rollen, mit der Quittensaftsahne bestreichen und die Erdbeeren darauf verteilen. Dann den Biskuit mit Hilfe des Tuches wieder zu einer Rolle formen. Diese im Kühlschrank etwa ½ Stunde fest werden lassen, dann mit Puderzucker bestäuben und servieren.

Tamarillo-Joghurt-Roulade

Zubereitungszeit: ca. 50 Minuten
Backzeit: ca. 10 Minuten
Ruhezeit: 1–2 Stunden

Sie benötigen für 1 Roulade:

Für den Biskuitteig:
- 8 Eigelb
- 100 g Zucker
- 1 Prise Salz
- abgeriebene Schale von ½ unbehandelten Zitrone
- 4 Eiweiß
- 80 g Mehl
- 1 EL Speisestärke

Für die Füllung:
- 350 g Tamarillos
- 150 g Zucker
- Saft von ½ Limette
- 4–5 Blatt weiße Gelatine
- 60 g Zartbitterkuvertüre
- 100 g Joghurt
- 250 g süße Sahne

Außerdem:
- Kristallzucker
- Puderzucker zum Bestäuben

So wird's gemacht:

1. Den Backofen auf 220°C vorheizen. Ein Backblech mit Pergamentpapier auslegen.

2. Die Eigelbe mit der Hälfte des Zuckers, dem Salz und der Zitronenschale kräftig verrühren.

3. Die Eiweiße mit dem restlichen Zucker steif schlagen und den Eischnee unter die Eigelbmasse heben.

4. Das Mehl und die Speisestärke darübersieben und vorsichtig unterheben. Die Masse mit einer Palette dünn auf das Backblech streichen. Den Teig im Ofen 8 bis 12 Minuten hellbraun backen.

5. Ein angefeuchtetes Geschirrtuch mit Kristallzucker bestreuen und den gebackenen Teig darauf stürzen. Das Pergament leicht mit Wasser anfeuchten und abziehen. Den Biskuit in das Tuch einrollen und auskühlen lassen.

6. In der Zwischenzeit die Tamarillos schälen (siehe Seite 44) und in Würfel schneiden. Diese zusammen mit dem Zucker und dem Limettensaft in einen Topf geben und dickflüssig einkochen lassen.

7. Die Gelatine in kaltem Wasser einweichen. Das Tamarillomus durch ein Sieb streichen. Die Gelatine gut ausdrücken und in der noch heißen Tamarillomasse auflösen. Abkühlen lassen.

8. Die Kuvertüre mit einer Reibe in Späne hobeln und in den Kühlschrank stellen.

9. Den Joghurt in die abgekühlte Tamarillomasse einrühren und diese bis kurz vor dem Festwerden ruhen lassen.

10. Die Sahne steif schlagen, unter die Tamarillo-Joghurt-Masse ziehen und die kalten Schokoladenspäne hineinstreuen.

11. Den Teig aus dem Tuch rollen und mit der Masse bestreichen. Dann den Biskuit mit Hilfe des Tuches wieder zu einer Rolle formen. Die Roulade im Kühlschrank 1 bis 2 Stunden festwerden lassen, dann mit Puderzucker bestäuben und servieren.

Mango-Himbeer-Charlotte

Zubereitungszeit: ca. 50 Minuten
Backzeit: ca. 8 Minuten
Kühlzeit: ca. 2 Stunden

Sie benötigen für 1 Kuppelform (1 l Inhalt):

Für den Teig:

4 Eigelb
50 g Zucker
1 Prise Salz
abgeriebene Schale von
½ unbehandelten Zitrone
2 Eiweiß
50 g Mehl

Für die Füllung:

1 reife Mango
3 EL Zucker
⅛ l Dessertwein (Muskateller)
4 Blatt weiße Gelatine
125 g Joghurt
80 g süße Sahne
100 g Himbeeren

Außerdem:

Kristallzucker
200 g Aprikosenmarmelade
1 EL Orangenlikör

So wird's gemacht:

1. Den Backofen auf 220°C vorheizen. Ein Backblech mit Pergamentpapier auslegen.
2. Die Eigelbe mit der Hälfte des Zuckers, dem Salz und der Zitronenschale kräftig verrühren.
3. Die Eiweiße mit dem restlichen Zucker steif schlagen und den Eischnee unter die Eigelbmasse heben.
4. Das Mehl darübersieben und vorsichtig unterheben. Nun die Masse mit einer Palette dünn auf das Backblech streichen. Den Teig im Ofen 6 bis 8 Minuten backen.
5. Ein angefeuchtetes Geschirrtuch mit Kristallzucker bestreuen und den gebackenen Teig darauf stürzen. Das Pergament leicht mit Wasser anfeuchten und abziehen. Den noch heißen Biskuit mit 100 g Aprikosenmarmelade bestreichen. Anschließend den Teig mit Hilfe des Tuches aufrollen und auskühlen lassen.
6. Die Mango schälen, halbieren und den Stein herauslösen (siehe Seite 30). Das Fruchtfleisch in kleine Würfel schneiden und zusammen mit dem Zucker und dem Wein in einen Topf geben und weich kochen. Anschließend mit dem Mixstab pürieren und dickflüssig einkochen lassen.
7. Die Gelatine in kaltem Wasser einweichen. Das Püree durch ein Sieb streichen.
8. Die Gelatine gut ausdrücken und in dem noch heißen Mangopüree auflösen. Dann die Masse abkühlen lassen, den Joghurt unterrühren, die Masse bis kurz vor dem Festwerden ruhen lassen.

9. In der Zwischenzeit eine Kuppelform mit Klarsichtfolie ausschlagen. Die Biskuitroulade in etwa 5 mm dicke Scheiben schneiden und die Form damit dicht auskleiden. Einige Biskuitscheiben für den Boden der Charlotte aufheben.
10. Die Sahne steif schlagen und kurz bevor die Füllung fest wird, unterheben.
11. Die Himbeeren waschen, trockentupfen und in die Füllung rühren. Die Masse bis 1 cm unter den Rand auf die Biskuitscheiben in der Form gießen. Dann etwa 20 Minuten kalt stellen.

12. Danach den Boden mit den restlichen Biskuitscheiben belegen, mit Klarsichtfolie bedecken und die Charlotte 1 bis 1½ Stunden im Kühlschrank durchkühlen lassen.
13. Die restlichen 100 g Aprikosenmarmelade mit dem Orangenlikör glattrühren und erhitzen.
14. Von der Charlotte oben die Folie abziehen und sie aus der Form auf eine Platte stürzen, die restliche Folie abziehen und die Oberfläche mit der Marmelade bestreichen. Die Charlotte wie eine Torte in Stücke schneiden.

Tip

Als Ganzes präsentiert und mit Sahne garniert ist die Charlotte der Höhepunkt eines jeden Festtages.

Rezeptverzeichnis nach Fruchtsorten

Alphabetisches Rezeptverzeichnis

Erklärung wichtiger Abkürzungen und Zeichen:

TL	=	Teelöffel (gestrichen)
EL	=	Eßlöffel (gestrichen)
g	=	Gramm (1000 g = 1 kg)
kg	=	Kilogramm
ml	=	Milliliter (1000 ml = 1 l)
l	=	Liter
Msp.	=	Messerspitze
cl	=	Zentiliter (1 cl = 10 ml = 0,01 l)
ca.	=	circa
cm	=	Zentimeter
⌀	=	Durchmesser
°C	=	Grad Celsius

In gleicher Ausstattung sind erschienen: Brotbacken · Italienische Küche · Chinesische Küche · Kalte Platten · Salate · Vegetarische Küche · Garnieren und Verzieren · Fondues und Raclettes · Single-Küche · Cocktails · Französische Küche · Bürgerliche Küche · Keime und Sprossen · Festlich kochen und backen · Feine Salate · Köstliche Gerichte mit dem Wok · Spanische Küche · Thailändische Küche

Die Deutsche Bibliothek-CIP-Einheitsaufnahme

Miessmer, Andreas:
Aromatisch und exotisch : die feine Früchteküche / Andreas Miessmer. – Niedernhausen/Ts. : FALKEN, 1993
ISBN 3-8068-4681-2

ISBN 3 8068 4681 2

Umschlaggestaltung: Peter Udo Pinzer
Titelbild: TLC-Foto-Studio GmbH, Velen-Ramsdorf
Fotos: Reinhard-Tierfoto, Heiligkreuzsteinach-Eiterbach: S. 18 (Hagebutten), 20 (Jackfrucht), 28/29 (Loquat) und 42 (Quitten);
Save-Bild, Augsburg (Foto: Arcidiacono): S. 1;
Silvestris Fotoservice, Kastl (Foto: HOA-QUI): S. 2/3;
T.+E. Creative Fotografie + Styling, Frankfurt: S. 159;
TLC-Foto-Studio GmbH, Velen-Ramsdorf: S. 4/5, 6 (Ananas), 8 (Äpfel), 10 (Avocado), 11 (Obstschale), 12 (Cranberries und Datteln), 13 (Erdbeeren), 14 (Feigen und Step 1 und 2), 15 (Granatapfel und Steps), 16 (Grapefruit und Steps), 17 (Guaven und Steps zu Grapefruit), 18/19 (Heidelbeeren und Himbeeren), 21 (Johannisbeeren), 22 (Kakis), 23 (Kaktusfeigen), 24/25 (Karambolen und Kiwis), 26/27 (Kokosnüsse, Limetten und Steps), 28/29 (Litschis, Mandarinen und Steps), 30/31 (Mangos und Mangostane), 32 (Melonen), 33 (Nashis), 34/35 (Nektarinen und Orangen), 36 (Papayas), 37 (Passionsfrüchte), 38/39 (Pfirsiche, Pflaumen und Steps), 40/41 Physalis, Pitahayas und Pomelos), 43 (Rambutane und Steps), 44 (Tamarillos), 45 (Wassermelone), 46/47 (Weintrauben und Zitronen), 48/49, 50/51, 53, 54/55, 56/57, 63, 68/69, 72/73, 76, 78/79, 80/81, 83, 84, 85, 86, 88/89, 92/93, 94, 95, 96/97, 98/99 oben, 100/101, 105, 110/111 oben, 112, 113, 114/115, 116, 117 rechts, 118/119, 123, 126/127, 128/129, 130 unten, 132, 133, 134/135, 138/139, 145, 146/147, 148, 149, 150, 152/153, 154 unten, 155, 157;
Michael Wissing BFF, Waldkirch: 6 (Steps), 7 (Annonen und Step), 8 (Steps), 9 (Aprikosen und Steps), 10 (Steps), 13 (Steps), 14 (Step 3), 17 (Steps zu Guave), 22 (Steps), 23 (Steps), 24 (Steps), 25 (Steps und Kirschen), 30 (Steps), 31 (Steps), 32 (Step), 33 (Steps), 35 (Steps), 36 (Steps), 40 (Steps), 41 (Steps), 44 (Steps), 45 (Steps), 46 (Steps), 47 (Steps), 58/59, 60/61, 62, 64/65, 66, 67, 70/71, 75, 77, 90, 91, 99 unten (Step), 103, 104, 106/107, 109, 110 unten (Step), 117 links (Step), 120/121, 124/125, 130 oben, 131, 136/137, 140/141, 142, 143, 151, 154 (Steps), 160
Redaktion: Birgit Wenderoth und Silvia Faller
Herstellung: Petra Zimmer
Satz: Grunewald Satz & Repro GmbH, Kassel
Druck: Appl, Wemding

817 2635 4453 6271